# VISUALISATION

*Des images pour des actes*

## DU MÊME AUTEUR

### Livres

*Les Empreintes du corps*, Fleurus, 1986, Paris.

*Mourir vivant au risque de l'amour*, Médiaspaul, 1990, Paris.

*Accompagner la vie, entretiens avec Emmanuel Hirsch*, Médiaspaul, 1990, Paris.

*Grandir ensemble, destiné aux jeunes confrontés au décès et au divorce*, avec J. Monbourquette Ph.D., Médiaspaul, 1993, Paris.

Scénario cassette «*La Ballade des Chaudoudoux*» sur un conte de C. Steiner, Sonothèque-Média, 1991, Sauveterre de Comminges.

*Jouons! La pédagogie des jeux de coopération*, Jouvence, 1993, Grand-Lancy-Genève.

*Les Racines de nos branches*, l'Ancre,1995, Paris.

*L'Hypnose éricksonienne*, Morisset, 1995, Paris.

### Cassettes audio

*Visualisation-Symbolisation*, séminaire de formation des thérapeutes, Sonothèque-Média, 1990.

*Muscler votre mémoire*, Didakhé, 1988, Paris.

*Deuil et séparation*, Sonothèque-Média, 1989.

*Accompagner la vie*, Sonothèque-Média, 1990.

*Une méthode de croissance et de santé, la visualisation-symbolisation*, Sonothèque-Média, 1991.

*L'ouïe et la vue*, Sonothèque-Média, 1989.

*Le bon usage de l'enfant qui est en vous*, Sonothèque-Média, 1993.

*Pardonner pour guérir*, avec Jean Monbourquette, Sonothèque-Média, 1994.

François J. PAUL-CAVALLIER

# VISUALISATION

## *Des images pour des actes*

*Deuxième édition*

InterEditions

ISBN 2 7296 0695 5

*L’espérance c’est posséder dès aujourd’hui*
*ce que l’on recevra plus tard.*
*Il n’est d’espérance que celle que l’on désire.*

# Sommaire

## Deuxième partie
## LES EXERCICES

# Préface à la deuxième édition

L'approche de la visualisation a maintenant un quart de siècle. Elle a fait ses preuves comme outil de croissance sur mesure pour chaque individu motivé par le désir d'optimiser ses potentiels. Son efficacité et sa puissance lui ont ouvert de vastes champs d'application dans la pédagogie, le sport et la santé. Son usage régulier rend le stress et les troubles de la vie « psychodégradables ». Parmi toutes les approches thérapeutiques, la visualisation incite à dissoudre les nodosités traumatiques de notre passé, c'est une quête de sens qui renonce à faire exploser ou imploser les blocages.

Comme beaucoup d'outils psychologiques efficaces, elle a depuis quelques années été détournée de son but pour être utilisée par les sectes qui en ont fait une pratique magique qui amplifie l'ego dans une illusion de toute-puissance. La sagesse nous dit que « la bonne longueur pour les jambes c'est quand les deux pieds touchent par terre ». Gardons à la visualisation sa juste place bien ancrée dans le réel. Utilisons-la pour optimiser notre créativité en allant puiser dans nos ressources cachées; il ne s'agit pas de magie mais de capacités que nous possédons et auxquelles nous n'avons pas accès. Pour notre santé goûtons sa fonction régulante du stress. Dans le champ thérapeutique elle nous permettra d'élaborer à partir de symboles les impasses dans lesquelles nous nous trouvons bloqués. Centrée sur le processus plus que sur le contenu, la visualisation est un instrument pudique et discret : le client n'a pas à révéler le contenu de ses « images mentales », le travail se faisant plutôt sur la démarche psychique qui anime ces images.

La visualisation est devenue pour beaucoup un système d'économie centré sur la coopération et offrant une sortie gagnant-gagnant aux conflits. Visualiser c'est anticiper la manière de convertir le stress en énergie positive. La visualisation ouvre ainsi une voie vers la recherche spirituelle par excellence : la pratique de l'espérance qui consiste à « goûter dès aujourd'hui ce que l'on aura demain ».

Dans cette nouvelle édition, une grande place a été faite à l'utilisation de la visualisation pour le développement de la mémoire.

# Avant-propos

C'est une gageure d'écrire un livre destiné aussi bien au public, aux patients qu'aux psychothérapeutes. Je crois néanmoins cela possible grâce à l'attitude de la psychologie humaniste, et particulièrement de l'Analyse Transactionnelle* qui considère que le patient est en droit de connaître et de s'approprier les outils de son changement.

Nous tenterons donc d'éviter un jargon technique, et resterons le plus près possible du langage courant. L'utilisation fréquente de termes d'Analyse Transactionnelle ne devrait pas poser de problèmes étant donné que celle-ci a justement choisi la plupart de son vocabulaire dans le langage courant.

Nous utiliserons le terme de « sujet » ou de « client » pour désigner la personne qui pratique l'exercice et le terme de « thérapeute » pour désigner celui qui propose l'exercice. Cependant, il n'est pas nécessaire que ce dernier soit psychothérapeute; il peut s'agir d'un entraîneur sportif, d'un éducateur, d'un médecin.

---

* On trouvera après cet avant-propos un court portrait de l'Analyse Transactionnelle qui en définit le vocabulaire spécifique. Les termes définis dans cet avertissement seront, dans le texte, signalés par un double astérisque.

En effet, ce livre a pour ambition de faire la synthèse des principales techniques de visualisation existantes, mais aussi de différencier des approches qui se ressemblent. Nous proposons ainsi d'apporter une base théorique incitant au développement des recherches dans ce domaine et qui puisse, dans un même temps, permettre à certains praticiens de s'informer. Cette étude sera suivie d'exercices permettant une mise en pratique de cette base théorique.

Cet ouvrage s'adresse donc à tous ceux qui étudient les sciences humaines, et plus particulièrement aux psychothérapeutes en développement personnel, aux soignants et aux soignés, sans oublier les étudiants, les sportifs et tous ceux qui ont choisi d'utiliser au maximum leurs ressources.

En revanche, il ne peut en aucun cas remplacer une formation de praticien, ou même une psychothérapie. Il n'est donc pas destiné à ceux qui cherchent des recettes magiques sans vouloir remettre en cause les origines de leurs problèmes.

En fait, les recherches récentes en matière de fonctionnement cérébral et de processus de pensée révèlent que la plupart d'entre nous n'utilisons qu'une part infime de nos possibilités mentales. C'est dire que la plus grande partie de nos facultés de pensée ou de réussite est inhibée. Un tel gaspillage est principalement dû à la peur — peur d'échouer, peur d'être rejeté, peur de rencontrer à nouveau une situation douloureuse. L'absence de connaissances précises concernant le fonctionnement et la croissance de notre esprit est aussi en cause.

Des techniques de communication, comme la programmation neurolinguistique, ont su utiliser et synthétiser les éléments essentiels d'autres méthodes* afin d'établir les canaux permettant aux êtres de communiquer et d'analyser les processus de perception qui sont à la base de notre appréciation du monde. L'approche de la visualisation fait partie de cet ensemble de concepts issus de la psychologie humaniste et du mouvement du Potentiel Humain.

---

* Notamment l'hypnose clinique éricksonienne.

Empruntons à Marilee Zdenek un conte indien[1] qui illustre bien ce processus de perception.

Il était une fois un jeune guerrier qui prit un œuf dans le nid d'un aigle et le mit à couver dans la basse-cour. Quand l'œuf vint à éclore, le petit aigle sortit et grandit parmi les poussins, picorant sa nourriture comme ses compagnons. Un jour, regardant en l'air, il vit un aigle qui planait au-dessus de lui. Il sentit ses ailes frémir et dit à un des poulets : « Comme j'aimerais en faire autant. »

« Ne sois pas idiot, répondit le poulet, seul un aigle peut voler aussi haut. »

Honteux de son désir, le petit aigle retourna gratter la poussière et il ne remit plus jamais en cause la place qu'il croyait avoir reçue sur cette terre.

Et Marilee Zdenek poursuit : « Imaginez que l'aigle ait refusé de permettre à quelqu'un d'autre de définir son potentiel. Imaginez qu'il ait perçu sa capacité unique et qu'il se soit libéré, qu'il ait ouvert ses ailes puissantes et se soit envolé au-dessus de tous les poulets qui avaient refusé de reconnaître sa vraie puissance et sa réelle identité. Imaginez comme il se sentirait s'il s'était approprié pour la première fois la responsabilité de sa destinée. »

« Faire comme si... », est une étape indispensable avant de devenir ce que nous voulons vraiment être. Ainsi les oisillons piaillent et battent des ailes comme s'ils volaient, avant de sortir du nid. S'ils sautaient immédiatement, ils tomberaient. Il y a une longue période d'apprentissage, de « comme si... », indispensable avant de pouvoir s'envoler. De même l'apprenti-nageur simulera les mouvements, avant de savoir nager. En quelque sorte, « le paraître est sur le chemin de l'être ». Je vous invite donc à apprendre le succès « comme si » vous aviez toutes les compétences nécessaires, « comme si » vous viviez déjà ce succès !

## NOTE BIBLIOGRAPHIQUE

1. Marilee Zdenek, *Inventing the Future,* McGraw-Hill, New York, 1987.

# Portrait de l'Analyse Transactionnelle

L'Analyse Transactionnelle (A.T.) est l'un des fleurons du mouvement du Potentiel Humain, qui s'est développé aux États-Unis après la Seconde Guerre mondiale. Elle utilise des mots du langage usuel pour décrire la vie et les processus psychologiques que celle-ci met en jeu. Elle a été mise au point par Eric Berne au début des années cinquante. L'Analyse Transactionnelle définit la personnalité à travers le type de relations qu'on établit par les *transactions*.

Pour rester dans le cadre de cet ouvrage, nous nous contenterons d'en esquisser les principales notions de base :

- Tout être est fondamentalement *OK*, même si ses comportements ne le sont pas toujours.
- Chacun a besoin d'un minimum de *signes de reconnaissance* pour survivre, et la vie s'articule autour de l'économie de ces signes. Ils sont positifs ou négatifs et constituent la nourriture* psychologique avec laquelle se construit la personnalité. Les signes de reconnaissance,

---

* *Le Conte chaud et doux des Chaudoudoux*, C. Steiner, InterEditions, Paris, 1984.

*strokes*, se nomment Chaudoudoux quand ils sont positifs, et Froids piquants quand ils sont négatifs.

• Avant l'âge de 6 ans, l'individu met en place un plan de vie que l'on appelle scénario; il est inconscient et dicte à la personne le déroulement de sa vie. Ce scénario peut avoir une fin heureuse ou dramatique, auquel cas on parle d'Issue Dramatique de Scénario (IDS).

• La description de l'être psychologique se fait à travers les *États du Moi* qui sont les instances de la personnalité fonctionnant comme émetteurs et récepteurs des échanges entre les individus, que l'on appelle des transactions. Chaque État du Moi est un ensemble cohérent d'attitudes, de comportements, de sentiments.

• Chaque individu possède un Parent (P), un Adulte (A), et un Enfant (E). Ces termes, lorsqu'ils sont employés dans le cadre de l'Analyse Transactionnelle, s'écrivent toujours avec une majuscule initiale, ce qui permet de les distinguer de leur utilisation courante.

• Chaque individu assume la responsabilité de l'énergie qu'il veut investir dans chacun de ces États du Moi.

• L'État du Moi Enfant correspond à nos sentiments et à nos émotions, à ce que nous avons vécu pendant notre enfance : l'Enfant en nous ressent; il a envie de..., il est triste, etc.

• L'État du Moi Adulte, que l'on compare souvent à un ordinateur, est une instance de décision qui prend en compte les faits dans le présent. L'Adulte pense, constate, décide.

• L'État du Moi Parent correspond à ce que nous avons assimilé des modèles parentaux : père, mère, figures hiérarchiques telles que frères ou sœurs aînés, professeurs.... Le Parent juge, attribue des valeurs, commence ses phrases par « Il faut... ». Le Parent peut être *critique* ou *normatif* lorsqu'il fixe des limites et établit des normes, mais aussi *nourricier* lorsqu'il prend en charge les besoins de la personne, sa protection.

PREMIÈRE PARTIE

# Qu'est-ce que la visualisation ?

# 1

# Comment fonctionnons-nous ?

Avant d'examiner la visualisation et ses origines, nous allons étudier de façon schématique le comportement de l'esprit humain par rapport aux méthodes contemporaines de la psychologie.

Considérons la question de l'anthropologie : « Qu'est-ce que l'homme? » Que pouvons-nous répondre?

## 1. NOS TROIS DIMENSIONS

La nature de l'homme présente trois caractéristiques primordiales :

— En premier lieu, l'homme est un être relationnel. Cette qualité première joue un rôle prépondérant dans tous les aspects de la vie humaine. L'être humain élabore sa personnalité et accomplit sa croissance dans la relation. C'est un être d'appartenance, de communion. Ainsi l'enfant, *in utero,* est-il constamment en relation avec sa mère qui le porte; la mère est en relation avec son entourage proche, son partenaire, sa famille.

Cette cellule relationnelle de base qu'est la famille est elle-même en rapport avec un environnement plus large au niveau de la ville. La ville se situe en relation avec le pays, le pays avec le continent, le continent avec le monde... Si la relation essentielle de l'homme se développe dans un état de sécurité suffisante, elle sera le moteur et l'outil de la croissance.

— L'homme est également un être de devenir, de croissance. C'est dans la relation qu'il trouve la base de la santé et les sources de croissance, mais aussi les origines de la pathologie. Si la relation principale est distante, envahissante ou pervertie, il s'établira le commencement de ce que l'on nommera plus tard la déviance, la pathologie, la maladie. Une relation saine guérit, une relation pervertie aliène. Le travail thérapeutique va consister à reconstruire l'unité de l'individu, l'image qu'il a de lui, sa relation aux autres..., pour l'aider à grandir.

Nous sommes conçus pour être heureux et en bonne santé, pour grandir et vieillir. La conséquence de la rencontre entre le premier et le second postulat peut se formuler ainsi : « L'homme ne peut être heureux seul. »

— L'homme est un être spirituel. Il entretient une relation privilégiée avec Dieu, une entité spirituelle, ou un état de spiritualité[1].

L'homme est un être tridimensionnel. C'est un être physique, un assemblage de cellules maintenues dans un équilibre cohérent pour se développer, se multiplier. Mais c'est aussi un être psychologique et émotionnel. C'est, enfin, un être spirituel.

Dans ces trois dimensions, il doit vivre pleinement la relation, sinon apparaîtra un déséquilibre, un malaise, une rupture.

# 2. LE BESOIN D'ÊTRE AIDÉ

Face à l'événement douloureux, la personne dont l'équilibre tridimensionnel sera mal assuré pourra se tourner vers autrui. La compassion, que l'on retrouve dans une bonne écoute thérapeutique, peut en effet guérir l'être souffrant de cette cassure. Il est fréquent d'entendre ce dernier dire au thérapeute : «J'ai simplement besoin de savoir que vous êtes là pour moi, que vous pouvez m'écouter et recevoir mes larmes.»

James Pennebaker a étudié l'effet de la compassion et de la confession sur des individus ayant subi un traumatisme important. Une de ses études porte sur 2000 personnes ayant subi un traumatisme tel que des violences physiques, le viol ou le décès d'un être cher. Il a démontré que les personnes qui avaient pu se confier à quelqu'un après l'événement étaient en meilleure santé que les autres. Il procéda ensuite à une très intéressante recherche sur les effets de la confession (au sens large) sur le rétablissement de l'équilibre nécessaire à la santé. La confession religieuse aurait donc cette double fonction de rétablir la relation de l'individu avec sa communauté et avec Dieu.

De même sur le plan corporel, nous avons besoin de signes de reconnaissance physique. Dès sa naissance, l'homme a besoin d'être touché, câliné, entouré, regardé. Il a besoin de se sentir important, car dès les premiers jours, l'enfant peut souffrir s'il sent qu'il n'est pas désiré, ou qu'il est source de déception, d'angoisse ou même de dépression. Les travaux de R. Spitz[2] prouvent qu'un enfant qui ne se sent pas stimulé et aimé sombre dans le marasme. En effet, il a besoin de vivre ses émotions avec un être pour qui il compte; échanger et appartenir lui permettront d'acquérir une valeur à ses propres yeux — s'appuyant sur sa valeur aux yeux des autres.

Enfin, nous avons besoin d'une dimension spirituelle qui nous transcende et donne un sens à notre vie. «Pourquoi suis-je sur terre?», «Quelle est ma mission?», telles seront les questions que nous serons amenés à nous poser. Quand surviendront l'épreuve, la brisure, qui accompagnent la perte d'un être cher, d'une situation ou d'un état, nos ressources spirituelles seront sollicitées.

# 3. UNE CERTAINE IMAGE DU MONDE

L'image que nous nous construisons progressivement du monde est alimentée par les informations que nous percevons avec nos sens. La construction de notre personnalité va se faire autour de notre perception dans la relation. Chaque stimulus que nous percevons va engendrer une expérience, un vécu. A travers l'analyse de ce vécu, qu'il soit agréable ou désagréable, nous prenons une décision; cette décision va engendrer une attitude comportementale qui aura une influence sur les expériences à venir. Généralement, la deuxième expérience confirme la décision prise consécutivement à l'expérience précédente (voir schéma 1).

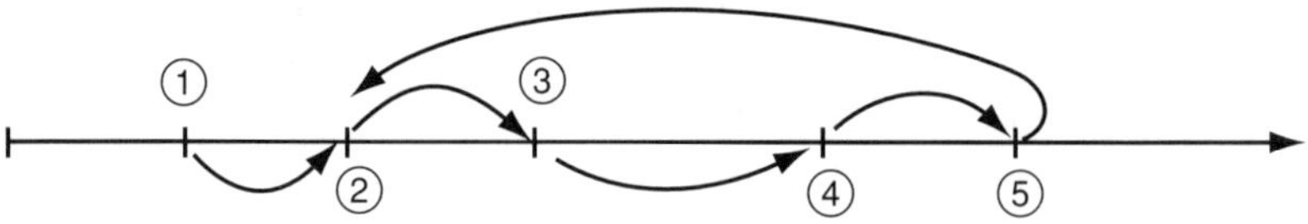


Événement ① qui génère une décision ②, suivi d'un comportement ③ qui provoque un nouvel événement ④ menant à une nouvelle décision ⑤ qui confirme la première.

**Schéma 1** Construction de notre cadre de référence

Ce processus d'accumulation des expériences vécues, confirmées par des décisions, est là pour maintenir la *congruence** entre ce que nous vivons d'une manière interne et ce qui se passe autour de nous. Cette cohérence est nécessaire à l'établissement de la sécurité qui permet le développement de la vie.

---

* Congruence : cohérence entre deux niveaux de communication, le plus souvent entre le contenu et le processus de la relation.

Depuis notre naissance et probablement depuis notre conception, nous construisons à la suite de ce processus de stimuli et de décisions une image du monde qui est unique, qui nous est propre, et nous allons réagir en fonction de cette image. Il est bien évident que si celle-ci est très loin de la réalité, nous allons avoir des difficultés à vivre dans un monde dont nous percevons les éléments d'une manière erronée.

Ainsi notre perception sera-t-elle tributaire de nos attentes, selon que nous nous sentons appartenir au monde qui nous entoure, ou qu'au contraire nous avons le sentiment d'en être exclu. En conséquence, nous interpréterons chaque stimulus comme une invitation ou comme une agression.

Par exemple, supposons que vous vous promeniez dans un jardin public. Un groupe d'adolescents bariolés vous entoure tout à coup et fait une ronde autour de vous en chantant une chanson dont les mots sont incompréhensibles pour vous. Vous pouvez être flatté (« Ils ont vu que j'avais le sens de l'humour »), avoir peur (« C'est une manœuvre pour me voler mon portefeuille »), avoir honte (« Ils se moquent de moi »), être triste (« Ils ne me comprennent pas et ne veulent pas me parler dans une langue que je comprends »). L'interprétation de cette scène vous appartient, et la réponse que vous risquez de donner instantanément sera directement liée aux expériences vécues et reflétera la façon dont vous vous situez dans la vie.

En effet, progressivement, vous avez créé des conditionnements, en acceptant des stimuli positifs, mais aussi des stimuli négatifs, venant des figures parentales, ou des modèles choisis. Chacun a entendu dire : « Tu n'y arriveras pas, tu es idiot, tu n'es pas sorti de l'auberge, tel père tel fils, il nous faudrait une bonne guerre, ah les jeunes!... » et ainsi de suite. Les décisions que nous avons prises en conséquence de ces messages sont souvent inhibitrices, c'est-à-dire qu'elles nous empêchent d'explorer et de vivre complètement nos possibilités, car nous avons tendance à anticiper le futur d'une manière négative. En fait, nous faisons de la visualisation sans le savoir, mais dans le mauvais sens! C'est le moment de comprendre que toutes nos pensées produisent des résultats et que si nous avons des pensées créatrices, des pensées positives, nous aurons des résultats créateurs et positifs. En revanche, si nos pensées sont négatives, nous aurons des résultats négatifs. Il apparaît donc clairement que nous devons changer notre manière de penser et de voir le monde, si nous voulons obtenir d'autres résultats, plus positifs.

## 4. COMPRENDRE « L'ESPRIT HUMAIN »

Au début de la Bible, il est dit : « Tel un homme pense, tel il est. » Les lois de la suggestion sont fondées sur la prise de conscience de la qualité de nos pensées, et le but de ce livre et des techniques de visualisation est de permettre à chacun de nous de prendre conscience de ses pensées. En effet, un grand pas est en train de se faire sur le plan culturel; c'est la prise de conscience d'une évolution dans le domaine de la pensée, avec la découverte de l'influence de l'esprit sur la réalité.

Certaines théories, comme la théorie des deux cerveaux, nous permettent de mieux comprendre le fonctionnement de la psychologie humaine, et de la thérapie par la visualisation. Depuis quelques années, de nombreux chercheurs se sont penchés sur la structuration de la pensée et une hypothèse se développe actuellement sur la base de la division de notre cerveau en deux hémisphères, ces hémisphères étant le siège de fonctions différentes.

Sur le plan purement physiologique, nous avons deux lobes cérébraux, d'apparence semblable — l'hémisphère gauche et l'hémisphère droit — communiquant par le centre. Chez l'homme, le système nerveux est relié au cerveau d'une manière croisée, c'est-à-dire que l'hémisphère gauche contrôle le côté droit du corps et l'hémisphère droit le côté gauche. Si, par exemple, vous subissez un traumatisme accidentel sur la partie droite de votre tête, ce sera le côté gauche de votre corps qui sera affecté, et inversement. Sur le plan purement fonctionnel, il apparaît que les fonctions siégeant dans l'hémisphère gauche concernent le raisonnement, c'est-à-dire tout ce qui est rationnel, tenant de la logique, de l'analyse et de la critique. C'est ainsi le siège du langage et de la pensée. Son fonctionnement est digital. Il correspond à l'état de veille au niveau conscient et on peut dire que c'est un hémisphère plutôt actif.

L'hémisphère droit serait plutôt le siège de tout ce qui est irrationnel, intuitif, émotif. Il fonctionne par analogies, par associations d'idées, il génère les images, les symboles, les rêves. Il est le siège de l'intuition et des émotions. C'est l'hémisphère le plus développé chez les artistes. Il correspondrait plutôt à une activité inconsciente. On le définira comme influent — par opposition à actif — c'est-à-dire qu'il influence la partie active.

L'école de pensée californienne dont est issu le mouvement du Potentiel Humain affirme que nous avons en nous deux entités, deux systèmes de pensée : le penseur et le prouveur. Le penseur élabore des plans et des projets en fonction des expériences passées; le prouveur les réalise en fonction des informations fournies par le penseur. Il serait peut-être plus juste de parler d'influent et d'actif, ou d'inconscient et de conscient. Ce qui nous intéresse ici est de voir comment nous fonctionnons à partir de données et d'informations qui sont stockées dans notre inconscient, donc probablement dans l'hémisphère droit de notre cerveau. Ces informations nous permettent de nous adapter et de traiter les événements qui se présentent en nous référant à ce qui s'est passé autrefois, tout comme un ordinateur qui, pour analyser et résoudre un problème, ira chercher dans sa mémoire des informations préalablement stockées. Le fait de maintenir une croyance plus ou moins consciente dont dépend notre existence va, à travers le fonctionnement des deux hémisphères, avoir une influence sur la réalité de notre vie. Nous l'avons vu, les expériences d'échec stockées dans l'hémisphère droit, en termes d'émotions négatives, refoulées et inconscientes, vont influencer les ordres donnés à l'hémisphère gauche actif, qui va réaliser la mise en place consciente de l'action.

Prenons le cas d'un enfant qui échoue au cours de sa scolarité et dont les professeurs et les parents, au lieu de dire : « Tu t'es trompé, regarde comme tu peux faire différemment, tu es intelligent, recommence », lui disent : « Tu es idiot, tu ne réfléchis pas, tu n'arriveras jamais à rien. » Si cet enfant accepte la suggestion négative, il va avoir une perception de lui-même dévalorisée, perdante. Et, à un moment donné, il décidera d'une manière permanente : « Quels que soient les efforts que je fais, je n'y arrive pas, je ne peux pas m'en sortir, je ne réussis pas. » Ce sentiment d'échec va influencer son comportement, car afin de répondre aux futures expériences, il mettra en place un ensemble de comportements qui lui permettront de confirmer ce sentiment et de maintenir *l'homéostasie**.

La vie est mémoire, chaque instant laisse une trace. La richesse de la banque de données dans laquelle nous pouvons puiser est considérable et s'étend sur plusieurs générations** tant pour les ressources positives que négatives. La référence biblique dit que nous sommes créés à partir de poussières, c'est-à-dire d'alluvions ou de particules de ce qui a existé avant nous.

Ce qui nous amène à une loi, appelée en français l'effet Pygmalion[3] et que les Anglo-Saxons appellent *self-fulfilling prophecy*, la loi de la réalisation automatique des prédictions, selon laquelle lorsque l'on fait une prédiction sur le futur, on a tendance à se comporter de manière compatible avec la réalisation de cette prédiction. Une partie de nous a besoin de confirmer les « croyances » que nous avons quant à notre vie, les autres, le monde, afin de maintenir la cohérence sans laquelle notre vie basculerait dans le chaos. Un changement nécessite un démantèlement de cet équilibre pour trouver une nouvelle *homéostasie*. On peut aussi formuler une loi, en parlant d'un principe du 100 % de cause à effet, selon laquelle « ce que nous avons dans la vie est ce que nous nous destinons, et ce que nous n'avons pas, ce que nous nous refusons ».

Envisageons le cas d'une personne (voir schéma 2) qui formule une demande de changement : « Les résultats que j'obtiens de la vie ne me conviennent pas, guérissez-moi,

---

* L'homéostasie, c'est la tendance que les organismes vivants ont à se maintenir vivants face aux modifications du milieu extérieur.

** *Les Racines de nos branches*, F. Paul-Cavalier, éd. de l'Ancre, Paris 1995.

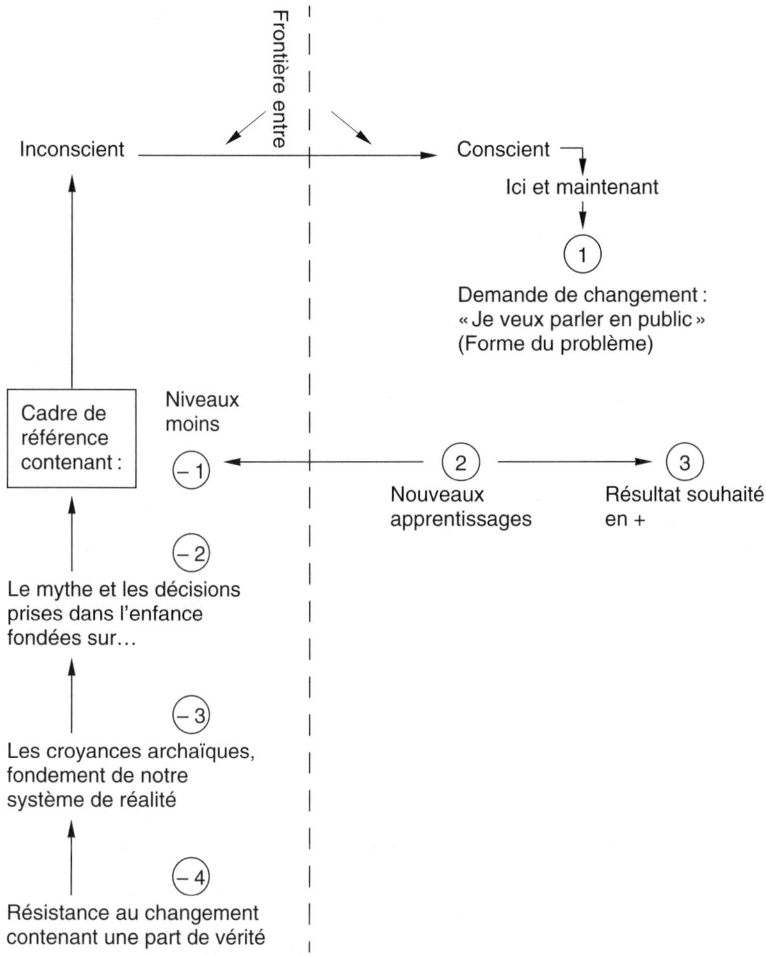


**Schéma 2** Le processus de changement

aidez-moi à changer. » Cette personne présente son symptôme et donne la forme de son problème. Cela peut être un symptôme physique ou un comportement d'échec répété. Nous pouvons traiter le symptôme en proposant de nouveaux comportements à l'aide de nouveaux apprentissages. Il est probable que nous aurons des résultats immédiats, mais peu durables ; très vite, le processus d'échec se remettra en place parce que la cause originelle de l'échec n'aura pas été traitée.

Prenons maintenant l'exemple d'une personne ayant des difficultés à s'exprimer en public (schéma 2, niveau ①) ; nous pouvons lui indiquer des techniques d'expression verbale ② afin d'améliorer ses performances, mais très vite nous découvrirons que ce n'est ni suffisant ni durable. Les racines existentielles du problème sont ancrées plus profondément. Si nous voulons obtenir un véritable changement, nous devons aller examiner ce qui est stocké et refoulé dans l'inconscient de l'être. Là, nous découvrirons que cette personne a probablement subi un traumatisme de l'expression ou que, dans sa famille, « les enfants ne parlaient pas devant les adultes », « les enfants ne parlaient pas à table », « les enfants on les voit, on ne les entend pas ».

La réparation va devoir se faire à plusieurs niveaux. Il sera nécessaire de franchir la barrière de l'inconscient pour explorer le matériel refoulé dans le cadre de référence (-1) qui se trouve réactivé chaque fois que la personne est placée en situation de parler en public. Nous découvrirons les « croyances » que le sujet a élaborées sur lui-même. Nous devons donc examiner ce qui se trouve dans ce cadre de référence, dans cette collection d'expériences emmagasinées depuis la naissance. Quand nous commençons à l'explorer (niveaux ①, ②, ③), nous y trouvons nos croyances, nos mythes, nos décisions de vie, nos promesses, nos illusions et toutes les informations collectées au travers de notre vie latente. 99 % de cette collection d'expériences sont inconscients et pourtant, ils contribuent constamment à faire de nous ce que nous sommes, à ce que nous sentons ou ne sentons pas, à ce que nous pensons ou ne pensons pas, à ce que nous décidons ou évitons, et surtout décident du choix des personnes que nous rencontrons et avec qui nous nous lions dans la vie.

Plus nous prenons conscience du contenu de notre « cadre de référence », plus nous avons de prise sur la réalité de notre vie. Quand nous disons « je me connais bien », c'est une illusion. Notre cadre de référence est, ou devient, notre réalité. C'est-à-dire que nos croyances deviennent notre réalité, et nous avons tous différentes réalités. Pourtant, nous pensons que nous sommes semblables et égaux et nous regardons les autres en considérant qu'ils voient le monde comme nous.

Les personnes qui veulent changer, quels que soient leurs problèmes, ont une démarche saine. Elles désirent explorer leur cadre de référence (leur réalité), afin de découvrir ce qui en elles fait qu'elles n'obtiennent pas de la vie ce qu'elles en attendent. Cette réalité contient toujours une part de vérité, car la décision prise dans l'enfance et qui pose aujourd'hui un problème avait alors sa raison d'être. C'était souvent la meilleure solution possible afin d'éviter un danger ou un inconfort encore plus grand. On ne peut donc considérer cela comme pathologique.

Dans le cas de quelqu'un qui est incapable de dire « non » et qui considère qu'il passe toujours « après les autres », le problème exprimé est le symptôme apparent, visible, la partie émergée de l'iceberg. Dans la partie immergée, nous allons probablement découvrir une expérience enfantine où aura été prise la décision qui correspond à ce symptôme. Le petit enfant est pendu aux jupes de sa mère alors qu'elle épluche les pommes de terre avant le repas. Il demande à être pris dans les bras. Sa mère lui répond : « Pas maintenant. » L'enfant reste avec ce besoin de tendresse et le « pas maintenant » ne satisfait pas ce besoin. Alors, il crie, il hurle, exige et sa mère lui répond à nouveau : « Pas maintenant, tu vois bien que j'épluche les pommes de terre. Ce que tu peux être ennuyeux! Tu es un vilain garçon. » Éventuellement, elle le punit parce qu'il pleure. Le sentiment ressenti par l'enfant à ce moment-là peut être du type « Je suis moins important que les pommes de terre » ou « Ce que fait maman est plus important que ce que je ressens. » Ce qui paraît démesuré aujourd'hui contenait à l'époque une part de vérité : la préparation du repas était effectivement plus importante pour la mère que les besoins de l'enfant. La décision de l'enfant tenait compte d'une certaine réalité et lui permettait de maintenir l'équilibre. C'est pour cette raison que la personne résistera au changement. Elle sait au fond d'elle-même que si elle renonce totalement à son ancienne décision, elle risque d'en être punie. Ce qui était vrai autrefois ne l'est plus obligatoirement aujourd'hui.

L'expression humoristique « Seuls les bébés mouillés aiment le changement »[4] illustre combien, malgré l'inconfort, il est difficile pour nous de changer parce que nous nous cramponnons à cette dernière parcelle de vérité. Nous avons besoin de désapprendre des comportements obsolètes, afin d'en apprendre de nouveaux sans être sûrs qu'ils nous donneront satisfaction.

Grâce à la visualisation, nous allons pouvoir explorer notre cadre de références, nous allons prendre un peu de recul afin de choisir ce que nous voulons garder et ce que nous voulons changer. Beaucoup de nos problèmes résident dans notre peur de ce que nous ne connaissons pas. Nous avons peur de progresser, peur d'expérimenter de nouveaux comportements. Nous avons tous besoin d'attachements, mais nous n'acceptons pas que ces attachements ne soient pas permanents, aussi nous cramponnons-nous à des comportements archaïques engrangés au cours de notre enfance. A un moment ou à un autre, il sera pourtant nécessaire d'en faire le deuil afin de passer à l'étape suivante (voir schéma 3).

L'acceptation du changement et du deuil est, en effet, le seul processus qui nous permette d'avancer dans cette croissance qui fait qu'un vieillard, au sortir de sa vie, est plus conscient qu'un nouveau-né à sa naissance. Il est vrai que toute séparation passe par un processus de deuil qui consiste à vivre et à accepter la souffrance qui va avec la perte de l'objet (voir schéma 3). Selon Teilhard de Chardin[5], la conscience existerait déjà au niveau des êtres unicellulaires; il parle alors de bio-conscience. Le spermatozoïde doit mourir pour permettre à l'ovule d'être fécondé et pourtant, il n'avait qu'un seul objectif : aller le plus vite possible en direction de cette cellule. L'ovule va devoir quitter son état de graine pour devenir un fœtus vivant, qui lui-même va se développer en un fœtus amphibie jusqu'au jour où l'enfant vivant *in utero* va avoir à « mourir » de cet état utérin pour vivre à l'air libre. Ainsi, à chaque étape, la prise de responsabilité va aller croissant, et à chaque étape de deuil, il va y avoir une augmentation de la conscience et la perte d'un degré de liberté et/ou de symbiose. *In utero*, l'enfant était nourri, logé, sans rien avoir à demander. A l'air libre, il va devoir pleurer quand il aura faim, et devra progressivement manifester toutes ses demandes afin de recevoir ce dont il aura besoin.

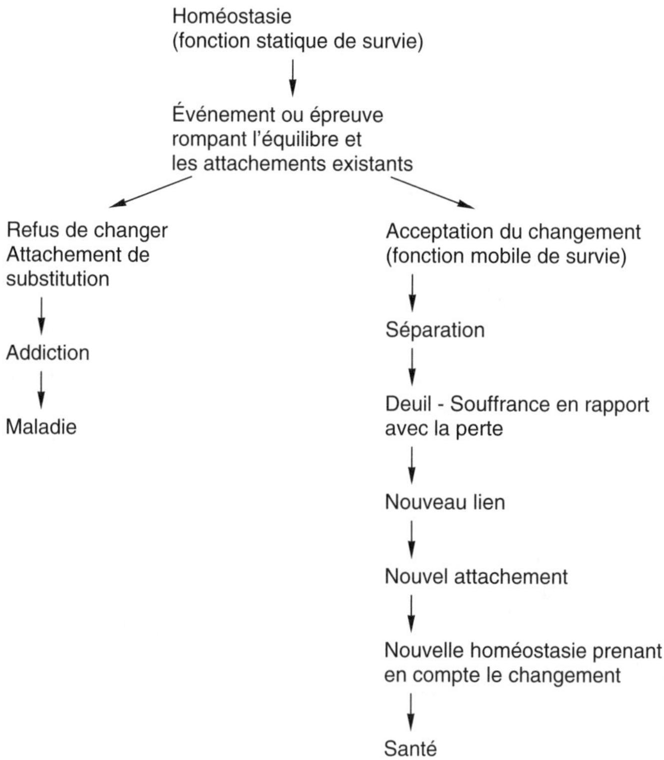


**Schéma 3** Le processus du deuil (schéma inspiré par « Attachment Theory », séminaire de George Kohlrieser, 1987).

La plupart des problèmes que nous rencontrons sont liés à des attachements et à des séparations que nous n'acceptons pas de faire*. A travers le processus de visualisation, nous allons reprendre contact avec ces attachements et nous allons pouvoir trier ceux que nous voulons garder et ceux auxquels nous devons renoncer. Nous savons que le processus prime sur le contenu : Le mécanisme qui anime est plus important que la chose animée. Écrire, parler, le fait de s'exprimer est plus important que ce que l'on écrit ou dit. Le contenu peut

---

* *Mourir vivant au risque de l'amour*, F. Paul-Cavallier, éd. Médiaspaul, Paris, 1990.

varier alors que le processus persiste. Pour des raisons de compactage dans la mémoire, afin d'occuper moins de place et de lier les événements par association comme un chaînage, les moments de vie vont être convertis en symboles. Un symbole est l'image d'une idée; il est donc plus chargé du processus que du contenu.

## 5. … AVEC L'AIDE DE LA SCIENCE

Parmi les nouvelles découvertes dans le domaine de la pensée, les travaux du physicien David Bohm ont permis au neurophysicien Karl Pribram de développer le concept de la *pensée holographique*.

Un hologramme est une image en trois dimensions analysée à travers la lumière cohérente du laser. Or, il se trouve que la façon dont est ordonné un hologramme est directement liée au fonctionnement de notre pensée et à notre description et notre perception du monde. L'image reproduite par l'hologramme est en trois dimensions, ce qui veut dire que selon l'angle où nous nous plaçons dans l'espace, nous avons une vision différente d'une même réalité qu'est l'hologramme lui-même. L'aspect le plus révolutionnaire dans le concept de l'hologramme est que n'importe quelle partie de l'hologramme peut restituer l'image complète. Admettons que vous ayez un hologramme représentant un cheval dans un champ. Vous pouvez, selon votre angle de vision dans l'espace, voir le cheval de face ou d'en haut, par derrière ou même par dessous. Imaginez que vous pouvez découper le coin du film holographique à l'endroit où est représenté le pied du cheval. Cette partie ainsi prélevée et séparée de l'ensemble, peut à elle seule restituer l'image complète du cheval dans la prairie, elle aussi en trois dimensions. Ce qui est démontré par ce phénomène, c'est que chaque partie de l'hologramme contient l'ensemble des informations de l'hologramme tout entier.

Cette règle : « La partie contient l'ensemble des informations de l'ensemble dont elle fait partie » peut être transposée dans tous les domaines observables de la vie. Ceci a une importance considérable, car si la partie contient le tout, alors le tout que nous percevons peut être aussi considéré comme une partie d'un autre « tout », encore plus grand. Karl Pribram a poursuivi son observation en affirmant que le cerveau est un hologramme qui interprète un univers holographique[6]. Il est aisé de percevoir que les théories de Pribram révolutionnent par leur simplicité et leur cohérence tout ce que l'esprit humain peut considérer.

La richesse de ces théories a d'ailleurs amené le monde scientifique et matérialiste à une immense et envoûtante question : qui regarde notre hologramme et l'hologramme universel? Un chercheur, J. Langley, entraînait des animaux de laboratoire puis endommageait sélectivement des portions de leur cerveau en cherchant à exciser le siège de leur apprentissage. L'ablation des parties du cerveau diminua leurs performances, mais il fut impossible d'obtenir l'éradication de ce qu'on leur avait enseigné, et on trouve là une nouvelle illustration de cette théorie.

Nous pouvons considérer notre corps comme un hologramme, chaque cellule de notre corps contenant l'ensemble des informations sur notre vécu antérieur. Si une partie de notre corps est malade, qu'en est-il du tout? Si la partie contient le tout, le tout est dans la partie en termes d'informations. Si l'homme est la partie, en l'observant on peut voir le monde; en regardant le monde, l'univers, en regardant l'univers… le cosmos. Si nous choisissons l'exploration par la réduction, nous pouvons considérer que l'homme étant un tout, il nous sera possible de comprendre comment la cellule est reliée à l'homme tout entier, comment la cellule est en relation holographique avec le schéma psychologique de la personne et son schéma psychologique en relation avec son schéma spirituel. Si nous appliquons cette théorie quand nous rencontrons un problème, nous pouvons donc espérer que celui-ci contient ses propres solutions.

D'autres recherches scientifiques nous apportent de très intéressantes bases de réflexion.

Les travaux de James Lynch[7] ont établi un lien direct entre la communication entre les êtres et les maladies cardio-vasculaires, montrant que l'hypertension est un véritable « cri du cœur» qui exprime une souffrance que le malade ne sait exprimer autrement et qu'il garde secrètement cachée. Ainsi, grâce à un matériel électronique sophistiqué, permettant de mesurer la tension pendant que le patient parle, il a pu découvrir ce que le stéthoscope ne pouvait révéler, en obligeant le patient au silence : la tension artérielle monte lorsque le sujet parle et baisse lorsqu'il écoute. Lorsque la personne essaye de s'exprimer, elle ressent l'impression d'être incomprise ou d'être coupée de l'autre, et dans une tentative ultime, le cœur exprime sa souffrance à travers l'hypertension. En écoutant et en faisant un travail psychothérapeutique avec ses patients, James Lynch a, le plus souvent, découvert une blessure émotionnelle ou spirituelle profondément enfouie au cœur de l'être. Pour l'aider à guérir, il faut lui permettre d'en parler afin qu'il fasse la reliaison*, et se sente à nouveau membre de la communauté. C'est la réconciliation avec lui-même, avec les autres, avec son entourage, avec son corps, qui aboutit souvent au niveau spirituel. Ce travail de recherches scientifiques est probablement une des découvertes les plus significatives de ces vingt dernières années en matière de psychosomatique de l'hypertension; il trouve sa place dans l'ensemble de l'approche humaniste qui considère l'être global, et dans la structure de la pensée holographique.

L'apparition de technologies sophistiquées comme l'électroencéphalogramme a permis d'autres découvertes. En effet, cette technique permet de mesurer les changements qui se produisent dans notre cerveau à différents moments de notre vie. C'est de cette possibilité qu'est née la notion d'ondes cérébrales. Plusieurs millénaires avant cette invention, les hommes connaissaient intuitivement ces variations et savaient les induire, mais ils n'avaient aucun moyen de les mesurer.

Notre cerveau est composé de milliards de neurones qui produisent des signaux électriques (influx nerveux) transmis par les synapses. Chaque neurone est en rapport avec plusieurs milliers d'autres neurones, son activité est continuellement modifiée par celle de ses partenaires.

---

* Faire la reliaison : lier à nouveau ce qui a été séparé.

Il est aujourd'hui possible de mesurer le potentiel électrique émis, chiffré en microvolts, ainsi que la fréquence chiffrée en cycles par seconde. On peut donc évaluer les variations de cycles et de fréquences selon les différents états de conscience. Il est possible de repérer les zones de perméabilité optimum et les zones d'imperméabilité relatives.

Les deux états extrêmes de la conscience sont d'une part l'hyper-vigilance, un état où tous les sens sont en éveil, prêts à réagir, d'autre part l'inconscience, tel le cas d'une personne dont les fonctions vitales seraient réduites au minimum de survie, comme le coma profond.

La *théorie des ondes cérébrales* (voir schéma 4) dénomme *zone Bêta* l'état de veille. Dans cette zone, la fréquence varie de 14 à 32 cycles par seconde, et chaque impulsion a un potentiel qui varie entre 10 et 50 microvolts; plus la fréquence est grande, plus le voltage est faible. Cet état de conscience correspond à notre vie active à l'état de veille, dans une situation normale.

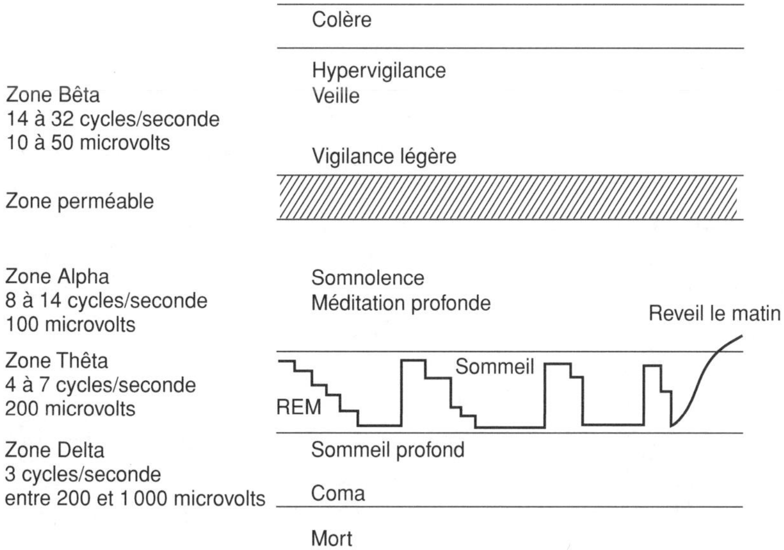


**Schéma 4** Les ondes cérébrales

Dès que nous relâchons notre attention, nous nous rapprochons de la partie la plus basse de la zone, là où la fréquence est faible et le potentiel élevé. Il va suffire de fermer les yeux pendant quelques instants pour passer, progressivement, à la zone suivante, la zone dite *Alpha*. Dans cette zone, la fréquence passe de 14 à 8 cycles par seconde et le potentiel avoisine 100 microvolts. Les ondes Alpha ont été découvertes par Hans Berger en 1924. Cette zone est la frontière entre la veille et le sommeil. C'est elle que nous recherchons lorsque nous nous mettons en état de relaxation. Il nous reste encore suffisamment de conscience pour être réceptif aux suggestions, entendre les voix et pour que sur notre inconscient s'impriment les messages reçus. La zone Alpha est la zone créatrice par excellence. C'est dans cette zone que l'on peut transférer un matériel inconscient vers la conscience, et réciproquement. Nous la traversons deux fois par jour au moins : au réveil le matin et en nous endormant le soir. Certaines personnes, les artistes en particulier, ont une capacité particulière à « se mettre en Alpha ». Cela correspond à ce qu'on appelle l'inspiration. Les enfants également, qui construisent mentalement leur vie future, passent un temps beaucoup plus grand en Alpha que les adultes.

A la limite extrême de la zone Alpha se trouve la *zone Thêta*, qui correspond à un état de méditation profonde, de rêve, à la transe hypnotique et au sommeil. Dans cette zone, la fréquence passe de 7 à 4 cycles par seconde et le potentiel monte jusqu'à 200 microvolts. C'est dans cette zone que s'élabore notre matériel inconscient; c'est aussi là que siège le sommeil paradoxal, avec les phases de REM (*Rapid Eye Movement* : mouvement rapide des yeux). Dans les couches les plus profondes de la zone Thêta, nous vivons un sommeil très profond, très lourd.

La zone suivante est la *zone Delta*. Le nombre de cycles y est de 3 par seconde environ, et le potentiel varie entre 200 et 1000 microvolts. Les yogis, par exemple, atteignent naturellement cette zone. Toutes les fonctions y sont ralenties : la respiration est minime, les rythmes cardiaques très lents; c'est en quelque sorte une vie végétative. Dans sa forme pathologique, la zone Delta correspond au coma.

Pour donner une image simple, l'état de veille (zone Bêta) correspond à un orchestre symphonique dont chaque musicien jouerait sa partition sans tenir compte des consignes du chef d'orchestre; l'état de méditation ou de concentration (Alpha ou Thêta) correspondrait au même orchestre, mais jouant en mesure et ensemble de façon harmonieuse.

Lorsque notre organisme subit un choc ou un traumatisme, il se réfugie automatiquement, pour se régénérer, dans les zones profondes. C'est là que les processus de survie trouvent de nouvelles ressources. Lors d'un accident grave, on s'évanouit ou on entre dans le coma. On se met immédiatement dans un processus d'économie de ressources, et ainsi on préserve ce qu'il reste encore de vie. Les enfants sont presque perpétuellement en zone Alpha : en effet, l'enfance est la période de la vie où le corps est engagé dans une gigantesque multiplication cellulaire. L'hypothèse selon laquelle les ondes Alpha et Thêta seraient génératrices de croissance cellulaire reste à prouver scientifiquement, mais elle mérite toute notre attention.

On a récemment découvert que le nouveau-né et le mourant se trouvaient dans le même état de conscience Alpha : cela signifierait-il que cet état est nécessaire aux processus de passage? La question reste pour le moment sans réponse, mais nous pouvons d'ores et déjà observer les résultats bénéfiques des états modifiés de conscience.

De nombreuses recherches ont démontré la nécessité vitale du sommeil, mais surtout du rêve. Des expériences ont été faites qui consistaient à réveiller immédiatement le sujet dès que l'on observait qu'il entrait dans une phase de rêve, pour l'empêcher de rêver. Au bout de quelques jours d'un tel traitement, le sujet devient très irritable. Si l'on continue, il finit par se mettre à rêver instantanément, même les yeux ouverts. Si l'expérience se prolongeait, il est probable qu'il deviendrait fou et mourrait. Ceci confirme que c'est bien dans ces zones de conscience que s'élabore l'essentiel de nos ressources vitales.

Nous savons que notre cerveau se met au rythme des fréquences qui l'entourent. Ainsi, dans les cassettes de relaxation, le rythme de la voix va induire progressivement l'état

Alpha, voire Thêta. Si nous écoutons une musique d'un rythme lent et modulé, tel du chant grégorien, il sera possible d'entrer en zone Alpha tout en restant actif. En revanche, si nous écoutons de la musique très rythmée, du rock par exemple, il sera difficile de conserver une concentration suffisante pour penser clairement.

Plus nous subissons de stimulations extérieures, plus nous devons être vigilants. Si nous aménageons notre espace de manière à subir le minimum de stimuli, nous augmentons notre concentration. Vous avez certainement remarqué comment certaines personnes agitées parviennent à communiquer leur état dès qu'elles entrent dans une pièce; d'autres, au contraire, induisent le calme et la sérénité.

Ces découvertes passionnantes, qui ne sont probablement que les premiers pas vers une meilleure connaissance du fonctionnement de notre cerveau, nous fournissent d'ores et déjà matière à persévérer dans la voie de la thérapie par la visualisation.

D'autres schémas de fonctionnement sont apparus :

*La transaction métaphorique* a toujours existé : elle consiste à parler d'une chose en en évoquant une autre, afin de jeter sur la réalité un nouvel éclairage. Ce type de communication se déroule le plus souvent au plan inconscient (voir schéma 5).

Par exemple, imaginons un groupe de travail. Un des membres du groupe parle du froid qu'il ressent à cause de la température de la pièce. Aussitôt, une autre personne enchaîne sur le manque de chaleur dans sa relation à sa mère. Le langage symbolique est la communication métaphorique par excellence. La notion de transaction métaphorique est très présente dans l'œuvre de Milton Erickson, et particulièrement dans *Advanced Techniques of Hypnosis and Therapy.*

*La symbolisation* est directement liée à la transaction métaphorique. Le symbole synthétise des concepts et des idées qui au premier abord n'ont rien à voir les uns avec les autres. La symbolisation est donc le processus charnière entre le conscient et l'inconscient.

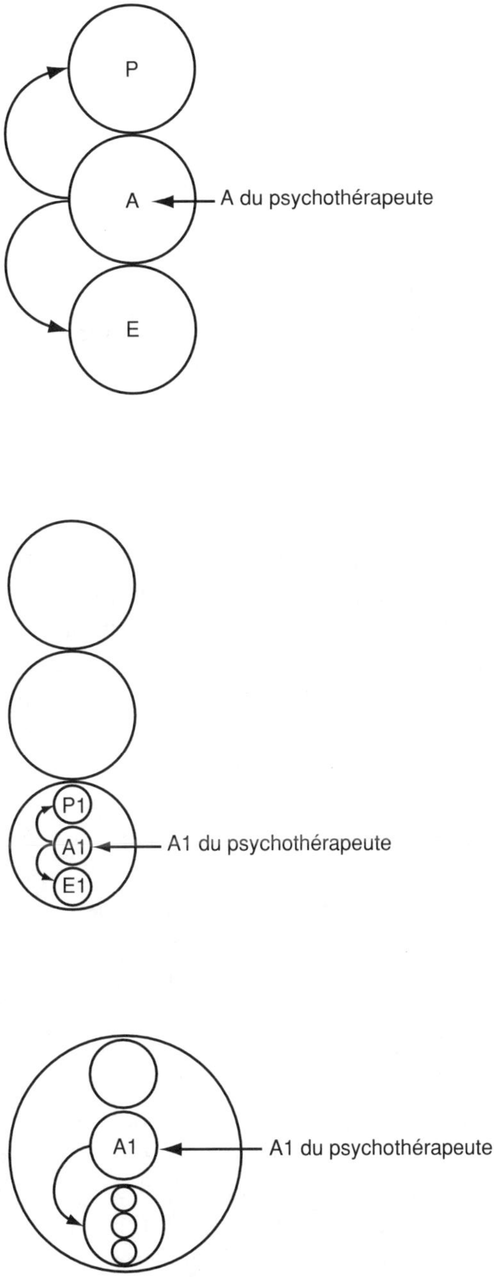


TRANSACTION SIMPLE
De A du psychothérapeute à A du client répercutée et intégrée dans le P et le E du client. Niveau Bêta, état de veille.

TRANSACTION MÉTAPHORIQUE DU 1er DEGRÉ
De A1 du psychothérapeute vers A1 du client, répercutée par analogie dans P1 et E1. Niveau Alpha, état subliminal, ou émotionnel.

TRANSACTION MÉTAPHORIQUE DU 2e DEGRÉ
De A1 du psychothérapeute à A1 du client qui répercute vers Ao, Po, Eo. L'analogie est existentielle au niveau le plus archaïque. Niveau Thêta, état émotionnel intense, transe hypnotique.

**Schéma 5** Les différents types de transactions

Par exemple, l'objectif d'une personne isolée, solitaire, est d'entrer en communication avec les autres. Elle ne voit pas de solution. Au cours de l'exercice, on va l'inviter à concevoir un symbole qui correspond à son état de solitude. Imaginons qu'elle se voit entourée d'un haut mur qui la sépare des autres. Dans le même exercice, on l'incitera à concevoir des symboles qui représenteront la solution à son problème. Peut-être verra-t-elle une brèche dans le mur, un arbre qui lui permettra de le franchir...

La transformation de la fonction des symboles influera sur les comportements réels.

## 6. L'ENFANCE

Théoriquement, la pensée humaine se structure dès la naissance, mais en fait nous pourrions dire qu'il y a une structuration de la pensée commençant *in utero*, où le fœtus reçoit des informations émotionnelles qui sont traduites sous forme de décharges hormonales telle l'adrénaline. Si la mère est en colère, vit un certain stress, elle produit et décharge dans son sang de l'adrénaline, son enfant va en prendre une certaine dose qu'il associera avec les informations reçues de l'extérieur en termes de sons, éventuellement de lumière, de chocs physiques, ou de sensations kinesthésiques. Cette substance va provoquer des contractions et des tensions corporelles. Il ne comprend pas très bien le sens de ce qui se passe, mais il essaie, quand il entend des sons similaires, de se préparer à la prochaine décharge à travers un processus de conditionnement *in utero*. Il tente d'éviter de revivre cet inconfort. Ce conditionnement se renforcera au fur et à mesure que l'enfant grandira, et cette accumulation d'expériences générera des décisions qui mèneront à de nouvelles expériences confirmant les précédentes. C'est une des formes de la structuration de la pensée par l'apprentissage. Une autre forme consiste à faire des essais et à se tromper. C'est l'essai/erreur : nous essayons quelque chose et nous regardons si le résultat est satisfaisant. S'il ne l'est pas, nous recommençons autrement. Nous constatons que nos perceptions contribuent à notre formation. Le mot informer signifie d'ailleurs « se former dedans, se former soi-même » et c'est par l'information que nous structurons notre pensée. C'est une espèce de chaîne, dont le point zéro est une expérience qui génère une décision, générant elle-même un comportement qui générera à son tour une autre expérience qui confirmera la décision. Et ainsi, la vie va être faite d'une accumulation d'expériences semblables à un empilage de pièces de monnaie. Si une des expériences se trouve un peu décalée (voir schéma 6), la pile va commencer à pencher jusqu'au point où l'équilibre ne sera plus maintenu et où la pile va s'écrouler. Nous tombons souvent du côté où nous penchons le plus. Lorsqu'une

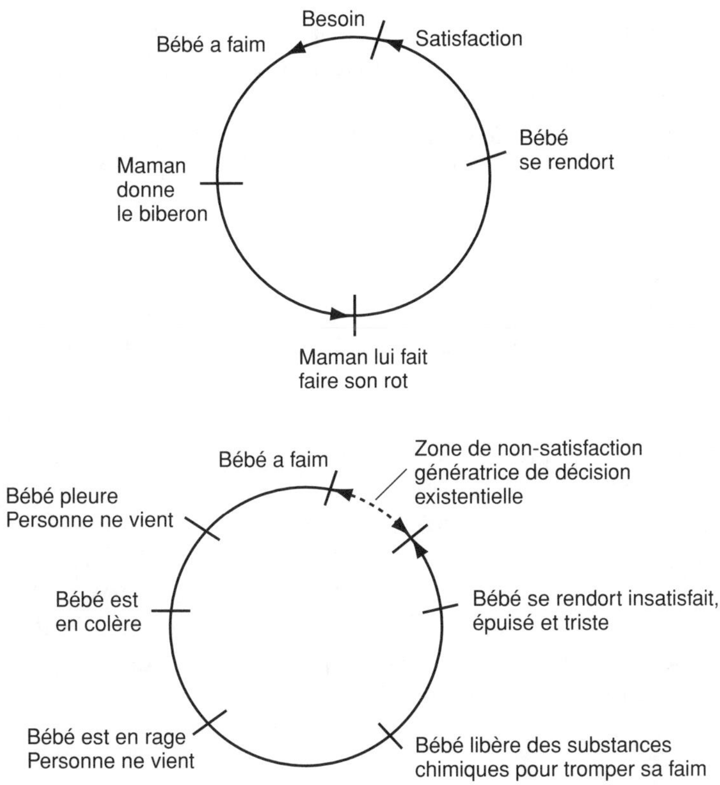


**Schéma 6** En haut : boucle de besoin-satisfaction « close ». En bas : boucle de besoin-satisfaction « réclamant clôture ».

demande est satisfaite, ou trouve une réponse satisfaisante, elle est classée et nous pouvons passer à l'étape suivante. En revanche, si la réponse n'est pas satisfaisante, la demande sera constamment renouvelée afin d'obtenir la clôture du cycle de demande/satisfaction — la *gestalt.* *[8]

Prenons l'exemple d'un bébé qui pleure parce qu'il a faim, et dont la mère ne vient pas, pour quelque raison que ce soit. Le nourrisson se met en colère et sa mère ne vient toujours pas. Il passe de la colère à la rage, fait une espèce de crise de nerfs. S'il n'y a toujours pas de réponse à son appel, le corps de l'enfant va libérer des substances chimiques qui vont tromper sa faim et lui permettre de se rendormir, réaction provoquée afin de maintenir la vie et gérer la situation.

Mais il se rendormira insatisfait, et si cela se reproduit fréquemment, il finira par se dire : « Quand j'ai faim, je ne suis pas satisfait » ou « On ne s'occupe pas de moi quand j'en ai besoin; alors je vais me débrouiller tout seul. Je ne demanderai plus rien, cela ne sert à rien de demander. » Plus tard, cela va générer des comportements qui feront que sa demande sera tellement vaste qu'elle ne pourra être satisfaite, ce qui renforcera la décision. Il risque d'exiger ou de prendre sans demander, et son entourage réagira en lui reprochant de n'être jamais satisfait et de trop demander; encore une fois, cela confirmera sa décision : « Dans la vie, mieux vaut me débrouiller seul, puisque je ne suis pas satisfait lorsque je demande. »

Il semble que la maladie prenne ses racines au tout début de la vie, peut-être même lors de la gestation. Paradoxalement, la maladie est probablement un mécanisme de survie, et quand la maladie mène à la mort, c'est que le mécanisme de survie n'a pas fonctionné à temps et que le processus va trop loin. Nous savons aussi, grâce aux différentes recherches en néonatalogie, que l'enfant qui vient de naître sent ce qui se passe autour de lui et est irradié par les sentiments et les émotions qui l'entourent.

---

* Le terme « gestalt » est utilisé ici pour désigner un ensemble d'éléments formant une boucle complète, de la demande à la satisfaction.

Jean Vanier (philosophe et théologien, fondateur de l'association L'Arche) au IX$^{e}$ Congrès International de la Famille en 1986, disait : « Pour grandir, l'enfant a besoin d'un amour qui n'est pas possessif mais libérant, d'un amour qui l'amène à une croissance, pour qu'il puisse accomplir sa mission. » Un enfant qui n'est pas désiré, qui n'arrive pas au bon moment ou qui n'est pas tel qu'on l'attendait va prendre des décisions ou des options qui correspondent au sentiment de culpabilité, de déchirure ou de rejet qu'il éprouve. De même, si les parents sont en conflit, l'enfant, plongé dans l'insécurité, prendra très tôt la responsabilité de sa vie, nous dirons même de sa survie. Le travail de recherche du *Cancer Counseling and Research Center*, dirigé par les Simonton[9], a montré qu'entre 0 et 5 ans, la plupart des cancéreux avaient subi une perte importante, un deuil qu'ils n'avaient pu complètement assumer, que l'on appelle la perte de « l'objet d'amour »[10].

En fait, dans les 18 à 36 mois qui suivent la naissance, période pendant laquelle l'enfant établit ses liens d'attachement avec sa mère et va progressivement vers une forme d'autonomie, il peut se produire une rupture prématurée du lien. Les raisons les plus fréquentes sont la reprise de la vie professionnelle de la mère et la naissance d'un autre enfant. Si la mère n'est pas suffisamment disponible pour gérer cette crise où se mêlent la peur d'être délaissé, la colère et la jalousie, l'enfant va prendre des décisions qui seront réactivées plus tard lorsqu'il aura à assumer d'autres deuils. La première décision, qui pourra être du genre : « Je ne dois pas montrer ma colère si je veux être aimé », peut devenir : « Je dois prendre soin des besoins de l'autre avant de prendre soin de moi. » Bien sûr, ces décisions sont totalement inconscientes, mais c'est le début du processus qui aboutira à la maladie (voir schéma 7).

Si la mère n'est pas suffisamment soutenue par le père, ou son entourage, elle devra repousser l'enfant et lui demander d'attendre, afin de pouvoir faire face elle-même à ses besoins. Il arrivera un moment où elle dira à l'enfant : « Je ne peux pas m'occuper de toi pour le moment, je suis fatiguée »... ou « Je m'occupe du nouveau bébé. » La symbiose saine dans laquelle vivait l'enfant va être brusquement interrompue, et il va mettre en place un processus réactif afin de survivre. Pour

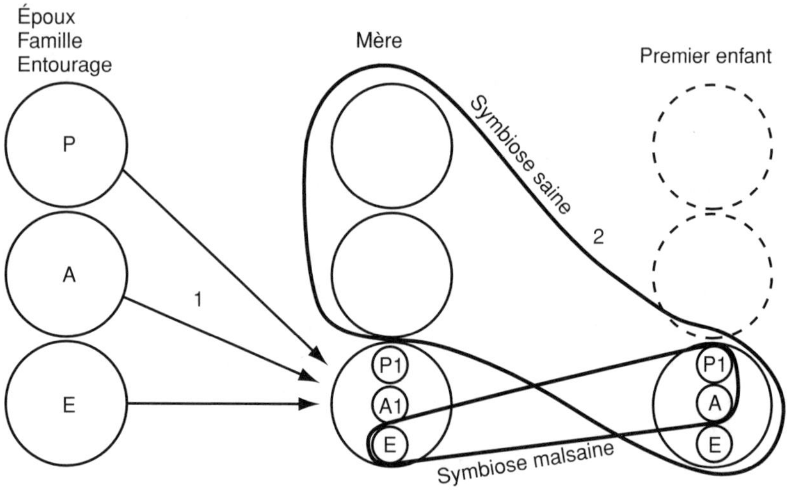


1. Si l'entourage ne soutient pas suffisamment l'E de la mère,
2. Ce sera sa progéniture qui la prendra en charge.

**Schéma 7** Symbioses saine et malsaine

commencer, il boudera ou jouera d'une façon à la fois frénétique et absente afin d'éviter de sentir sa colère vis-à-vis de sa mère. Si cela n'est pas suffisant, il passera à l'agitation jusqu'à ce que l'on s'occupe de lui (avec un câlin ou une fessée). Si son manque de signes de reconnaissance n'est toujours pas satisfait, il pourra se blesser plus ou moins sévèrement ou tomber malade, afin qu'enfin on s'occupe de lui — sa mère ou l'hôpital (voir schémas 8 et 9).

Au fur et à mesure que l'enfant grandit, il va développer d'une manière excessive la partie normative de sa personnalité, que l'on appelle le Parent Critique. Il prendra l'habitude de faire des demandes qui ne pourront être satisfaites et qui se trouveront renforcées par les rejets du père et de la mère. Ainsi, le Parent Critique va être hypertrophié et le Parent Nourricier qui doit prendre soin des besoins de l'« État du Moi Enfant » va être atrophié. Cette situation va engendrer de nouveaux rejets, que l'enfant continuera de porter en lui, et dont, un jour, il se souviendra. Ainsi, lorsqu'au cours de la vie se présente un deuil, une perte importante, la réaction au

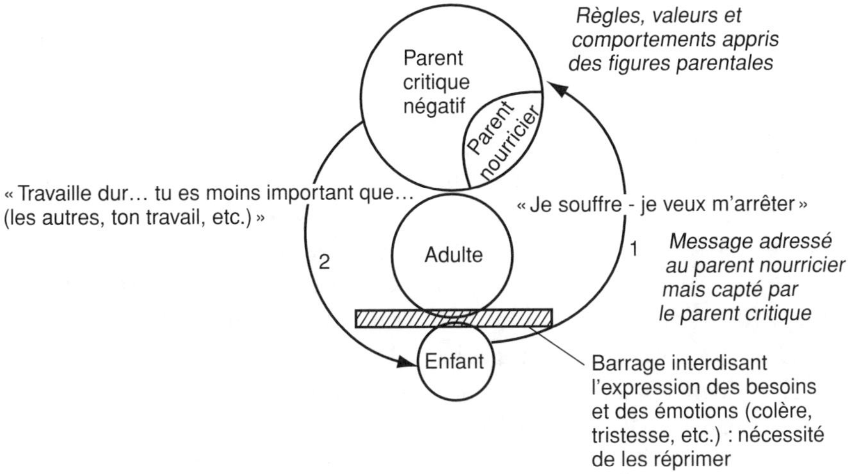


L'État du Moi Enfant adresse un message de détresse au Parent : il demande protection. Il reçoit en retour une injonction du type : « Tes besoins sont moins importants que ceux des autres, tais-toi et continue. »

**Schéma 8** Dialogue interne du somatisant

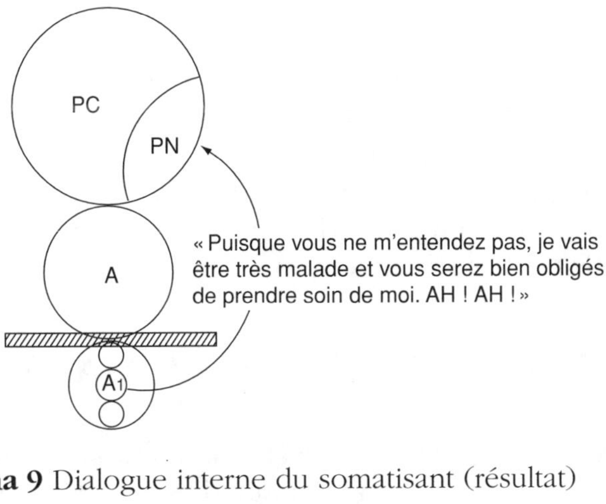


**Schéma 9** Dialogue interne du somatisant (résultat)

stress a un effet régressif. Nous entrons alors en contact avec les situations similaires rencontrées depuis notre naissance. Une perte, même légère, peut réactiver tout le système d'accumulation de deuils non résolus. Le déroulement de ce processus est la conséquence d'une impasse. L'individu pourrait, au fur et à mesure, décharger les émotions liées aux épreuves qu'il rencontre, mais il choisit de ne pas le faire et de réprimer ses émotions, le plus souvent par peur du rejet ou de l'abandon. Soit j'exprime mes vrais besoins, je montre ma colère, je suis authentique au risque d'être rejeté; soit je réprime mes émotions, je suis «aimé», mais je nie ma vraie nature. C'est cette impasse qui est dangereuse : être soi-même au risque d'être seul ou se nier pour maintenir la relation.

Dans la phase de négation de ses besoins, l'individu en colère, dont les besoins ne sont pas satisfaits, n'arrive pas à se faire entendre du Parent Critique introjecté*. La partie créative de l'enfant finit par dire au Parent Critique : «Puisque tu ne veux pas m'entendre, tu vas voir! Je vais être malade et tu seras bien obligé de prendre soin de moi.» Le processus psychologique du somatisant est un évitement de l'expression ouverte d'un besoin. Le système de communication mis en place consiste à ne pas identifier la réalité du besoin ni formuler de demandes directes pour obtenir efficacement la satisfaction du besoin.. Progressivement la personne malade obtient plus de signes de reconnaissance par le biais de son symptôme que si elle prenait le risque de formuler des demandes directes. A travers une démarche de prise de conscience il faudra passer de la plainte à la demande.

La somatisation est la voie royale de la manipulation de l'entourage. Tout en restant conscient de la réalité souffrante du malade, il importe de veiller à ne pas succomber au despotisme de la victime.

# 7. QUE SIGNIFIE LA MALADIE?

Être malade pour avoir la permission d'être soi-même! C'est en ce sens que l'on peut dire que le symptôme et la maladie ont un aspect positif. Le déclenchement du

---

* Introjection : phénomène psychologique d'approbation des caractéristiques d'un modèle incorporé dans la personnalité du sujet.

symptôme est enfin la partie émergente d'une impasse très profonde qui, en apparaissant, permet de révéler le problème à traiter. Cependant, la personne a méconnu pendant de si nombreuses années ses vrais besoins pour maintenir la relation à la « mère » fantasmée, elle a connu tellement de souffrances et de colères, que lorsqu'apparaîtra le symptôme, la maladie sera si grave qu'elle mettra sa vie en danger. Pour Claude Bernard, « les maladies planent constamment au-dessus de nos têtes, leurs graines portées par le vent, mais elles ne s'installent pas si le terrain n'est pas prêt à les recevoir ».

Bien que le microbe puisse être l'une des causes essentielles de la maladie, il ne suffit pas à la provoquer; c'est le chaînon le plus faible du système qui craque en premier. C'est-à-dire que c'est la partie symbolique du corps qui va exprimer ce que l'individu n'a pa su exprimer autrement. C'est souvent le cas du cancer du sein survenant chez des femmes dont le rôle maternel a été interrompu par le départ des enfants pour l'université ou simplement leur plus grande autonomie. Nous pouvons penser que le symptôme est le carrefour du plus grand nombre de signifiants.

Il peut aussi se produire que l'enfant, dans un processus inconscient, mette en place un programme de santé tellement copié sur l'une des figures parentales selon son sexe, que plus tard, il développera un symptôme similaire à celui du parent. Il est parfois frappant de remarquer les similitudes qui existent entre les maladies d'une génération à l'autre. Comme si le symptôme devenait un signe d'appartenance. C'est souvent le même organe qui est touché, du même côté, au même âge et au même moment de la vie. La tentation est grande d'attribuer tout cela à l'hérédité et de le vivre comme une fatalité. Les facteurs héréditaires existent, mais le schéma psychologique de fonctionnement a aussi sa place. Il se peut que l'enfant ait décidé inconsciemment d'avoir, un jour, « la même maladie que son père ou sa mère », dans un processus d'identification symbolique!

Les traumatismes ou les secrets de famille par un effet d'« encryptage » peuvent faire émerger sur plusieurs générations un symptôme. Là encore il s'agit plus de processus que de contenu. Je cite dans mon livre *Les Racines de nos branches** le cas d'une famille où le grand-père avait perdu une jambe à la guerre, laissant à sa femme la charge de faire face seule à l'éducation des enfants dans un scénario qui s'était figé «femme héroïque, homme insuffisant». Les individus des deux générations suivantes s'étaient conformés à ces injonctions; bon nombre avaient eu des problèmes de genoux, mais surtout les femmes de la lignée pouvaient toutes revêtir le statut de femmes héroïques dans des situations variées alors que les hommes se montraient insuffisants à leurs yeux, à travers des circonstances qui apparemment n'avaient aucun lien entre elles (surcharge de la vie professionnelle, chômage, mort prématurée, handicap physique chronique, stérilité, divorce, etc.). Certaines femmes restées célibataires montraient bien que les hommes n'étaient pas à la hauteur et entraient de plain-pied dans le scénario «femmes héroïques». Cet aparté pour montrer comment se transmet un scénario d'une génération à l'autre et comment il ne faut pas confondre la cause et le moyen, la nature du symptôme et le moyen d'adhérer au scénario. La cause est le processus de vie ou de mort qui anime la personne.

On remarque d'autre part, chez les patients atteints de maladie incurable, leur côté «suicidaire». Si l'on ne peut parler de suicidaires actifs, il s'agit néanmoins de sujets dont la passivité est un comportement de non-résolution du problème. Au cours de la thérapie, il apparaît souvent qu'ils ont souhaité mourir, se sont sentis sans espoir, et ont envisagé la mort comme unique solution.

## 8. SOMATISATION ET MALADIE

Si nous arrêtons le fonctionnement d'un des éléments de notre être, l'ensemble s'arrête. Nous existons à travers un ensemble indivisible de *psyché* et de *soma*. Tout ce qui se passe dans notre corps a une influence sur notre esprit et nos émotions. Quand nous souffrons, quand nous avons peur,

* *Op. cit.*

quand nous sommes stressés ou angoissés, nous avons le trac, cela altère notre pensée.

De même, quand nous nous relaxons, nous nous détendons, notre corps ressent des sensations agréables, notre esprit est apaisé. Chaque émotion vécue a une répercussion sur notre système biologique, sur notre respiration, sur notre rythme cardiaque, sur la production d'hormones par exemple. Un des facteurs contrôlables, dans cette relation psychosomatique corps/esprit, est notre attitude face à la vie. Ce n'est pas ce que nous vivons qui est important mais plutôt la façon dont nous le vivons. Chacun a dû, lors de sa naissance, se séparer du corps maternel, puis a vécu une enfance plus ou moins agréable dont il a dû sortir pour entrer dans un âge adulte où il a eu à faire face à la responsabilité. Nous avons tous eu à faire le deuil d'êtres chers et si cela ne s'est pas encore passé, cela arrivera inévitablement. Le fait que certains restent en bonne santé alors que d'autres tombent malades ne s'explique pas par le contenu de leur vie, mais par leur attitude face à ces épreuves.

C'est ce qu'affirme le psychiatre autrichien Victor Frankl[11] dans sa « logothérapie » (la thérapie par la recherche de la raison de vivre, du sens de la vie). Frankl nous dit, à la suite de l'observation qu'il a faite en étant interné dans un camp de concentration, que seuls peuvent survivre ceux qui arrivent à donner un sens à leur souffrance, à leur malaise et à leur épreuve. Ceux qui les subissent sans y trouver un sens ne survivent pas. C'est ainsi qu'il a découvert que beaucoup de dépressions actuelles étaient des dépressions noogènes, c'est-à-dire sans origine organique et dues à la perte du sens. Quel est le sens de ma vie? Qui suis-je? Pourquoi ai-je à faire face à ces épreuves? Telles sont les questions auxquelles nous avons à répondre pour pouvoir survivre harmonieusement.

Carl et Stéphanie Simonton, après d'autres chercheurs américains tel Lawrence Le Shan[12], ont découvert qu'un deuil important, une perte, précédaient souvent le diagnostic de cancer chez leurs patients. Comme si la personne n'avait pas su faire face à l'effet intense du stress et que la seule solution qu'elle trouvait était de renoncer à la vie. Les techniques de visualisation vont permettre d'intervenir dans ce processus.

Chaque attachement implique une séparation, et à ce moment-là, il sera nécessaire d'accepter la souffrance qui accompagne la perte de l'objet de l'amour. Si nous refusons de vivre cette souffrance en n'entrant pas dans le deuil, en la niant, nous ne pourrons pas créer de nouveaux attachements nécessaires à notre survie. Nous passerons alors dans un processus où, n'étant plus attaché, « n'appartenant plus », nous dériverons et risquerons d'entrer dans un processus de somatisation[13]. Les blessures et les traumatismes non traités vont se trouver tout à coup réactivés.

La dimension psychosomatique de l'être est en passe d'être acceptée de tous. Il reste pourtant quelques « diplodocus » en voie de disparition qui se cramponnent encore à une conception purement causale de la santé et de la maladie. Comme si, pour avoir la « santé garantie », il suffisait de vivre à un certain niveau de confort et de ne pas rencontrer de microbes! Le monde occidental est de loin le plus protégé, le plus confortable; la majeure partie de la population mange plus qu'à sa faim. Et pourtant, nous avons pléthore de maladies de toutes sortes, les hôpitaux sont pleins, les laboratoires pharmaceutiques se portent plutôt bien. Alors, d'où vient cette relation somatique? Les médecins et les soignants sont constamment en contact avec de nombreux microbes et nous voyons qu'ils meurent le plus souvent d'accidents cardio-vasculaires et de cancers et non des maladies contagieuses qu'ils soignent.

En fait, la maladie, qu'elle soit infectieuse ou cancéreuse, a besoin, pour se développer, que le terrain de l'hôte s'y prête, c'est-à-dire que son système de défense interne, son système immunitaire soit suffisamment déprimé ou affaibli pour ne pas identifier l'agresseur et ne pas répondre à l'attaque extérieure. Le processus de maladie est un processus multifactoriel : l'agresseur (l'agent cancérigène, le microbe, le virus), le facteur génétique et héréditaire, les conditions de vie en général, le stress et l'attitude psychologique. Nous savons que lorsqu'un être est dans un état dépressif, tout son organisme subit, par le biais de son système immunitaire, cette dépression. La maladie, et par symétrie la santé, dépendent de plusieurs facteurs pour exister et s'installer. Nous pouvons agir sur notre style de vie ou notre alimentation, mais il serait irréaliste d'espérer établir un contrôle rigoureux sur d'autres éléments (la rencontre d'agents pathogènes, microbes, virus). En revanche, nous pouvons choisir notre attitude mentale, notre état psychique, nous pouvons développer une philosophie de l'harmonie, un art de vivre fait d'acceptations. Cette démarche nous permettra de donner une juste réponse au stress et aux épreuves. Nous pourrons ainsi stimuler notre désir de vivre et notre système immunitaire. Le stress, c'est l'usure produite par le processus d'adaptation aux événements et aux changements qui se présentent à nous. Quand notre esprit est plein de décisions contradictoires, il peut arriver que nous rencontrions des épreuves qui nous mettront dans de telles impasses que la seule issue possible sera de générer inconsciemment un symptôme. La maladie agira comme un signal d'alarme, pour tenter de sortir de l'impasse, même si, paradoxalement, cette maladie met tout l'édifice en danger. Le processus va se dérouler le plus souvent à travers le système immunitaire, qui sera le premier à obéir au sentiment d'impuissance ou de désespoir (fin de l'espoir) par un arrêt des défenses de l'organisme. A quoi bon défendre un corps dont le propriétaire ne souhaite plus vivre !

Pour bien comprendre les éléments de la vie qui prennent le pas dans notre fonctionnement psychique, Alain Crespelle a établi un tableau des prédominances.

## 9. PRÉDOMINANCES

L'inconscient prime sur le conscient
Le sens prime sur le confort
Le processus prime sur le contenu
Le niveau psychologique prime sur le niveau social
Ce qui est archaïque prime sur ce qui est récent

## NOTES BIBLIOGRAPHIQUES

1. Sur ce sujet, voir Victor Frankl, *Le Dieu inconscient*, Le Centurion, Paris, 1975.

2. R. Spitz, « Hospitalism : Genesis of Psychiatric Conditions in Early Childhood », 1945.

3. Sur l'effet Pygmalion, voir R.-A. Rosenthal et L. Jacobson, *Pygmalion à l'école*, Casterman, Paris, 1971.

4. Voir Roger von Oech, *Ne restez pas assis sur le meilleur de vous-même*, InterÉditions, Paris, 1987.

5. Teilhard de Chardin, *La Place de l'homme dans la nature*, Albin Michel, Paris, 1956.

6. Voir Marilyn Ferguson, *Les Enfants du Verseau*, Calmann-Lévy, Paris, 1981.

7. James Lynch, *Le Cœur et son langage*, InterÉditions, Paris, 1987.

8. Fritz Perls, *Ma Gestalt thérapie*, Tchou, Paris, 1976.

9. Carl et Stéphanie Simonton, respectivement cancérologue radiothérapeute et psychothérapeute, ont été parmi les premiers à mettre en forme les techniques de visualisation dans le traitement du cancer.

10. François J. Paul-Cavallier, « Le somatisant et la perte de l'objet d'amour », *Le Quotidien du Médecin* n° 3309.

11. Victor Frankl, *Man's search for meaning*, Washington Square Press, New York, 1975.

12. C. et S. Simonton, *Guérir envers et contre tout*, EPI, Paris, 1982. Lawrence Le Shan, Vous pouvez lutter pour votre vie, Robert Laffont, Paris, 1982.

13. Cette approche est développée par George Kohlrieser.

2

# Comprendre la visualisation

## 1. LES TECHNIQUES DE VISUALISATION

A l'aide des techniques de visualisation et de relaxation, nous allons pouvoir collecter des informations et prendre conscience du matériel stocké dans notre subconscient. Nous pourrons éventuellement intervenir afin de modifier le contenu de ce subconscient, en agissant non pas sur les faits mais sur le vécu des faits. Car nous ne pouvons changer les faits mais seulement le souvenir que nous en avons. Un transfert du matériel inconscient vers le conscient se produit déjà dans les rêves. Nous provoquons ce transfert dans ce que l'on nomme les états modifiés de conscience comme la transe hypnotique, la relaxationprofonde, les méditations alpha.

Les fonctions rationnelles et critiques du cerveau gauche vont être mises volontairement de côté afin de recevoir des informations stockées dans l'hémisphère droit, d'autant que l'hémisphère gauche est aussi le siège de toutes nos défenses et de toutes nos protections actives. Pendant ce temps, c'est l'hémisphère gauche et l'esprit rationnel du thérapeute qui prennent le relais. Pour que cette alchimie que constituent l'alimentation, la transformation et l'utilisation des ressources en provenance de l'hémisphère droit et transférées à l'hémisphère gauche puisse se faire, il est nécessaire de se retirer de l'agitation du mental, de prendre du recul et d'être capable d'intégrer, dans notre pensée consciente, les éléments émergents. Ainsi allons-nous progressivement prendre conscience de notre ancienne « programmation » posant problème ; il sera alors possible, étape par étape, de « nous déprogrammer », de désapprendre ce que nous avions appris. Alors seulement pourrons-nous nous reprogrammer d'une façon plus appropriée, en imprégnant notre subconscient d'un sentiment de réussite et de confiance. Malgré les connaissances actuelles en neurologie, nous savons peu de choses sur les processus de formation de la pensée et de somatisation. Freud disait que le symptôme prenait la place de l'objet refoulé, c'est dire que quelque part le corps exprime le malaise profond du subconscient. Or si le corps peut exprimer un conflit à travers un symptôme, il doit pouvoir exprimer la santé aussi.

La santé est la capacité de vivre en perpétuelle mutation et de s'adapter, tout en sachant qu'un jour nous mourrons. Nous avons vu précédemment que le stress est dû à l'usure produite par le processus d'adaptation aux événements et aux changements qui se présentent. Si nous avons des difficultés pour changer et pour progresser, nous avançons comme une voiture qui roulerait sur l'autoroute le frein à main serré. Le moteur va chauffer et il faudra appuyer sur l'accélérateur pour maintenir la vitesse ; la consommation de carburant augmentera alors que l'efficacité sera réduite.

Il faudra bien, à un moment donné, prendre conscience du problème. Voilà pourquoi le symptôme et la maladie sont des indicateurs tout à fait utiles ; ils nous indiquent que quelque chose ne va pas bien, un peu comme le voyant du tableau de bord d'une voiture qui signale une défaillance.

Grâce au symptôme nous pourrons identifier le problème à traiter afin d'éviter la « cassure ». Si le stress et le refus de changer aboutissent à la somatisation et à la maladie, nous allons mettre en place un changement harmonieux en entrant dans une démarche d'acceptation. Le processus de somatisation sera ainsi inversé d'une manière positive, et nous pourrons somatiser la santé. Puisque nous comprenons l'élaboration du symptôme qui se tourne vers la maladie, nous avons les moyens de développer la santé en acceptant nos limites et la réalité d'une croissance qui aboutira indubitablement à la mort. Accepter ce « vieillissement » progressif nous permettra de diminuer considérablement le stress chronique en ne gardant que le stress ponctuel dû aux épreuves. La chronicité du stress aboutit à une situation émotionnelle se transformant en un sentiment d'impuissance : « N'ayant rien à espérer de bon, si demain est aussi douloureux qu'hier, je ne veux pas aller de l'avant. » Il nous manque cette espérance pour aborder dynamiquement le lendemain, ce qui agit directement sur notre système immunitaire. Par le biais de la relation holographique, le système immunitaire va envoyer des messages à l'ensemble de ses cellules : « Cela ne vaut pas la peine d'exister — arrêtez la vigilance. » Le désir de vie s'arrête et la réponse cohérente de notre inconscient va être de tomber malade afin de tenter de rétablir l'équilibre. Cela peut paraître paradoxal mais, dans notre mémoire, nous nous souvenons qu'étant enfant, quand tout allait mal, « Maman prenait soin de nous ». En tombant malade, nous pensons rétablir l'homéostasie par rapport à nos besoins, car nous serons pris en charge par l'institution médicale ou nos proches, comme nous le serions par une bonne mère.

Si la santé est la capacité de vivre en perpétuelle mutation et de s'adapter, cela nous dit combien il est nécessaire de ne pas laisser non résolus des problématiques ou des traumatismes archaïques. La vie humaine oscille entre deux pôles énergétiques dont l'un serait l'abondance, la profusion, l'amour, la confiance tels que peut les vivre un enfant qui attend tout de ses parents; et l'autre, à l'opposé de l'amour, le manque, la peur, la pénurie. Selon notre place entre ces deux pôles, nous serons ou non heureux, malades ou en bonne santé. Il serait irréaliste de dire que certaines personnes,

« ayant la baraka », ne rencontrent jamais d'épreuves; en revanche nous voyons beaucoup d'êtres qui, comme par « hasard » cumulent les épreuves et les catastrophes. Nous pouvons étudier ce schéma en parallèle avec la théorie du scénario développée en Analyse Transactionnelle. Pour Éric Berne, le fondateur de l'Analyse Transactionnelle, il existe trois types de comportement : le gagnant, le non-gagnant et le perdant; chacun se situe sur une ligne qui va de l'abondance au manque. Il est certes plus facile d'accepter une épreuve si l'on a confiance en l'avenir. En revanche, si nous pensons que demain sera pire qu'aujourd'hui, il y a de fortes chances pour qu'il en soit effectivement ainsi.

La différence entre un gagnant et un perdant est que le gagnant perd beaucoup plus souvent que le perdant! Un gagnant conçoit un projet et tente de le réaliser; s'il échoue, il décidera que la prochaine fois il essayera autrement. Il fera un nouvel essai et, s'il échoue de nouveau, tirera la leçon de son échec et continuera d'essayer d'une manière encore différente. Le perdant aura plutôt tendance à ne tenter la réalisation de son projet que s'il est sûr de gagner. Si, pour des raisons d'évaluation ou de perception, il échoue, il décidera que plus jamais il ne tentera l'expérience; il restera sur son échec. C'est ce sentiment d'impuissance qui le fera glisser vers le pôle de la pénurie et du manque.

Si la situation ne se modifie pas, la personne se réfugiera dans la maladie, alors que, dans une dimension d'abondance, celui qui pense que tout est possible à un certain niveau est de toute façon préparé à faire le deuil, à accepter les changements de sa vie. Il va pouvoir relativiser les épreuves qu'il rencontrera, les vivre plus positivement, et grâce à une alchimie assez extraordinaire, transformer ces épreuves et les éléments négatifs en éléments importants de la construction de sa vie.

Afin de pouvoir nous situer dans cette dimension « d'abondance », nous devons retracer les différentes étapes qui nous permettront de comprendre ce qu'est vraiment la visualisation et quelles sont ses origines.

# 2. DES ORIGINES À LA PRATIQUE

La visualisation est un processus de réactivation des expériences sensorielles et émotionnelles permettant de mettre les ressources accumulées au service des projets futurs. Il agit comme une projection cinématographique des « films du passé » sur l'anticipation des actes futurs. Évidemment, cette projection a une influence non seulement sur l'attente du futur, mais aussi sur la réalisation du projet. Nous faisons de la visualisation sans le savoir, comme Monsieur Jourdain quand il faisait de la prose. Malheureusement, nous projetons parfois des films d'échec plutôt que de succès sur le futur, et nous obtenons des résultats négatifs ou médiocres alors que raisonnablement ils auraient pu être bons. C'est pourquoi il faut agir sur les « films » de notre passé en pratiquant un exercice de visualisation. En fait, le terme de « sensorialisation » conviendrait peut-être mieux, en ce sens qu'il ne s'agit pas seulement de « visuel », mais de la réactivation des perceptions préalablement rencontrées. A un autre niveau nous pourrions aussi parler de « symbolisation », les souvenirs et les concepts étant le plus souvent archivés dans la mémoire sous forme d'images symboliques et métaphoriques.

Certaines personnes ont des canaux de perception privilégiés. Certaines sont « visuelles » et conçoivent plus facilement leurs projets sous forme d'images; d'autres sont « auditives » et ont plutôt tendance à s'entendre agir ou parler et à se souvenir des sons; d'autres encore sont plus « kinesthésiques », c'est-à-dire orientées vers les sensations tactiles ou olfactives. Bien entendu, il faudra tenir compte, dans l'activation des souvenirs archaïques, des différents canaux de communication sensorielle.

Si par exemple nous demandons à un visuel : « Comment l'entendez-vous? », il devra traduire une image en sons. Nous savons que les images mentales contiennent des émotions. Celles-ci produisent dans notre organisme des substances chimiques et des hormones qui vont influencer directement nos perceptions, notre vécu corporel et nos cellules. Les techniques de visualisation ont des origines multiples : on les trouve en Orient avec des pratiques comme le yoga et le zen, en Occident avec la prière contemplative. Dès l'âge de pierre, les hommes allaient inscrire dans le «ventre» de la terre les visions de leurs chasses futures, comme une répétition avant la chasse réelle. Avant tout acte, nous créons une image anticipée de l'acte que nous allons accomplir en utilisant les informations des expériences sensorielles vécues dans le passé. Le sentiment de réussite ou d'échec que nous ressentons au moment de cette visualisation sera déterminant pour le résultat de l'acte que nous envisageons. Ainsi, un coureur bien entraîné, s'élançant vers l'obstacle à franchir avec le sentiment qu'il va échouer, inhibera une partie importante de ses capacités et par là même augmentera ses risques d'échec. En revanche, s'il se prépare mentalement et prend le temps de se sentir courir vers l'obstacle (percevant ses foulées fermes et constantes, franchissant l'obstacle avec succès, éprouvant toutes les sensations liées à l'effort afin de ressentir la joie du succès), alors enfin, il libérera tous ses potentiels disponibles afin de les mettre au service de son succès. Nous l'avons vu précédemment : la loi de réalisation automatique des prédictions stipule : «Lorsque nous faisons des prédictions, nous avons tendance à nous comporter de façon compatible avec leur réalisation.»

Dans un premier temps, nous allons — avec la visualisation — réactiver l'expérience d'un vécu sensoriel et émotionnel passé et simplement amplifier les sensations positives de manière qu'elles deviennent dominantes. Quand nous rencontrerons des traumatismes, nous pourrons faire un travail de deuil lié à l'acceptation de la perte. Nous fermerons des boucles «réclamant clôture», puis, progressivement, nous utiliserons et nous projetterons un vécu sensoriel positif sur l'anticipation des actes futurs de manière à nourrir nos projets d'une énergie positive.

L'approche des techniques de visualisation tient plus de l'accompagnement que des procédures d'intervention directives. En ce sens, le matériel utilisé pour permettre au sujet de progresser dans sa croissance appartient déjà au sujet. Le matériel symbolique qui va être utilisé, à la suite des réactivations d'un vécu sensoriel et émotionnel ancien, appartient aussi au sujet, il n'est pas imposé par le thérapeute. La thérapie par la visualisation va consister à proposer des voies et des options, à apporter la protection nécessaire afin que la personne accepte d'aller explorer son passé. Le thérapeute utilisera le matériel symbolique découvert afin de le restituer « positivé » au sujet. Nous pouvons comparer cet « échange » à la métaphore de la bouteille à moitié vide, ou à moitié pleine : le sujet peut l'avoir vécue à moitié vide, le thérapeute lui fera prendre conscience de la symétrie des deux moitiés, et de la possibilité de percevoir la bouteille comme à moitié pleine. Cela peut sembler simpliste, mais c'est véritablement le point de bascule entre un vécu d'abondance par rapport à un vécu de pénurie.

C'est en ce sens que le thérapeute accompagne le patient; il n'a pas de projet pour lui. Nous pouvons ici comparer le thérapeute à un guide de montagne, qui évaluerait les moyens logistiques permettant à son client d'atteindre la destination qu'il s'est fixée. Quand l'« excursion » commence, le thérapeute propose des voies possibles; celles-ci sont parfois nombreuses, parfois limitées. Le thérapeute connaît le terrain, mais il doit savoir aussi lire la carte. Le client, quant à lui, devra fournir l'effort nécessaire afin d'atteindre le sommet. On ne peut faire cela à sa place, mais on peut l'accompagner.

Le processus de visualisation fait partie de notre processus de croissance et d'acquisition de nouveaux apprentissages. Nous nous préparons à vivre une nouvelle expérience en projetant sur le futur certaines expériences passées. Ainsi la prière peut-elle être considérée comme un processus de visualisation; la personne immobilise son corps, choisit une posture, fait le calme à l'intérieur d'elle-même et entre en relation avec une entité qui la transcende. Une fois qu'elle s'est focalisée, centrée sur elle-même, elle projette sa demande, son message, sa prière. De nombreuses musiques religieuses incitent à cet état de perméabilité que nous recherchons dans les techniques de visualisation et qui permet d'entrer en relation avec les éléments refoulés dans notre subconscient. Un autre aspect de la prière peut être aussi son effet curatif. « La prière peut être envisagée comme un processus de relaxation et comme initiation à l'imagerie mentale positive et auto-guérissante pouvant peut-être renverser un grand nombre de schémas mentaux et physiques négatifs profondément enracinés.[1] »

En fait, on a commencé à prendre conscience de l'existence du processus de visualisation avec le développement des techniques de suggestion, et notamment l'hypnose. De nombreux textes relatant les recherches de ces dernières années font apparaître l'importance de la notion de suggestion. « La suggestion est un processus par lequel une ou plusieurs personnes en amènent d'autres à modifier, sans examen critique, leur jugement, leur opinion, leur attitude ou leur comportement[2]. » Pour le médecin-psychologue Delbœuf : « La suggestion dirige et exalte la volonté du sujet et le remet en possession d'un pouvoir qu'il a cessé d'exercer mais qu'il n'a pas abdiqué. » Pour Émile Coué, la suggestion est « une action de l'imagination sur l'être physique et moral de l'homme »[3]. Quant à Sigmund Freud, il définissait la suggestion comme « l'influence exercée sur un sujet au moyen des phénomènes du transfert » (1912); plus tard il disait : « La suggestion, c'est-à-dire les conditions dans lesquelles on subit une influence en l'absence de toute logique » (1920)[4]. Enfin, la puissance de la suggestion va se retrouver dans toutes les recherches faites sur « l'effet placebo »*. Pour Bernheim : « Tout phénomène de conscience est une suggestion… Toute idée suggérée tend à faire acte… » et plus loin : « Tout n'est pas dans la suggestion mais la suggestion est dans tout[5]. » Et nous pouvons enfin citer Baudouin : « La suggestion est la mise en jeu par nous-même ou par autrui du pouvoir idéoréflexe qui est en chacun de nous[6]. »

On voit aujourd'hui l'aboutissement de ces recherches avec, en particulier, les travaux des Simonton. En effet, leur approche connue aujourd'hui sous le nom de « technique de visualisation » émane de ces précédentes recherches. Au départ Carl Simonton, cancérologue et radiothérapeute, découvrit que lorsqu'il demandait à ses patients, pendant la séance de radiothérapie, de visualiser leur tumeur et l'effet des rayons sur leur tumeur, les patients avaient de meilleurs

---

* L'effet « placebo » est la guérison ou l'amélioration d'un état pathologique suite à l'administration d'un « faux » médicament ne contenant aucune substance active. La suggestion qu'il contient en fait un vrai médicament.

résultats thérapeutiques et guérissaient plus rapidement ou avaient des rémissions plus longues. De plus, la plupart des effets secondaires négatifs dus à cette forme de thérapie étaient considérablement diminués. Il en découlait une amélioration de la qualité de la vie du malade.

Par la suite, il fit appel à Stéphanie Matthews Simonton, spécialiste des techniques de motivation, afin d'inciter les patients à mettre en place des processus de visualisation, hors des séances de radiothérapie, les encourageant à participer activement à leur processus de guérison et diminuant leur angoisse.

Pourtant, parmi ces techniques qui ont toutes en commun l'utilisation de la suggestion, nous pouvons distinguer deux types de méthodes : celles qui reposent sur une forme de suggestion directive, où nous observons une domination volontaire du sujet par un agent extérieur, qui peut être une entité ou un thérapeute donnant des instructions sous forme d'ordres, et celles qui tiennent plutôt de l'autosuggestion.

Parmi les techniques de suggestion directives, dont certaines sont très contestables sur le plan éthique, nous trouvons :

— l'hypnose de music-hall;

— la plupart des approches d'hypnose médicale, où il est nécessaire de prendre en charge d'une manière directe le patient n'ayant, le plus souvent, pas les moyens de « s'autosuggestionner » lui-même;

— les approches de suggestopédie et de suggestologie[7] (Lozanov);

— les séminaires E.S.T. (*Erhart Seminar Training*) qui sont issus de techniques de conditionnement du corps des Marines.

(Liste, bien sûr, non exhaustive...)

Parmi les approches d'autosuggestion, c'est-à-dire où le sujet lui-même se donne le message de suggestion, nous trouvons différentes pratiques sous les appellations suivantes :

— l'auto-hypnose;

— la Méditation Transcendantale;

— certaines pratiques Zen et le yoga ainsi que les rituels religieux;
— la méthode Coué;
— la sophrologie;
— la méthode Silva;
— la Dynamique Mentale[8];
— l'Activation Mentale;
— la Dynamique Alpha;
— la visualisation, etc.

L'approche des Simonton émane donc de tout ce qui précède, leur travail de recherche ayant été poursuivi par le *Cancer Counseling Research Center*[9]. L'importance de leurs travaux est d'autant plus grande qu'ils ont su utiliser les connaissances existant dans le domaine de la médecine moderne dans un esprit de conciliation et d'adaptation. Ils ne considéraient d'ailleurs que les patients suivant parallèlement un traitement médical, qu'il n'était pas question de remplacer par les seuls exercices de visualisation. Carl et Stéphanie Simonton recevaient dans leur séminaires thérapeutiques des patients dont la majorité étaient en phase terminale, et pour lesquels la médecine traditionnelle ne pouvait plus rien. Malgré cela, ils obtinrent des résultats très importants, qui n'équivalaient pas obligatoirement à la guérison complète de l'individu, mais à l'amélioration de la qualité du temps restant à vivre pour le patient. Depuis quelques années, des associations fonctionnant sur un mode que les média ont qualifié de sectaire se sont emparées de leur travail pour organiser des stages de guérison à des fins avant tout lucratives.

Dans le processus de guérison, la visualisation permettra à la personne de mobiliser ses ressources physiologiques et biologiques. Elle pourra non seulement les stimuler, mais, en implantant une image de guérison et de réussite par opposition au désespoir, elle participera au processus de guérison.

Les techniques de visualisation ne s'appliquent bien sûr pas uniquement à ce domaine. Nous en retrouvons des applications dans tous les domaines de la vie et particulièrement dans les situations de prise de décisions où l'action est liée à l'analyse des expériences antérieures, comme la préparation des sportifs; mais aussi face à la préparation de concours et d'examens afin d'améliorer la mémoire et de développer le calme, et également lors de l'accompagnement en fin de vie, afin de se préparer à l'acceptation du vieillissement et de la mort.

Trois approches sous-tendent ces techniques de visualisation. Outre le processus de suggestion, il s'agit de l'approche analytique et de l'approche psycho-corporelle.

Directement issue de la psychanalyse, l'approche analytique va s'attacher à analyser, voire interpréter, le symbole exprimé par le symptôme, par les rêves et les dessins (voir chapitre 3). Ainsi la somatisation va-t-elle être verbalisée; progressivement, tout un matériel refoulé va émerger, permettant d'identifier le sens du symptôme.

L'approche psycho-corporelle, au travers de la pratique de la relaxation, apporte un mieux-être physique. Nous allons, avec la sensorialisation, développer une prise de conscience de l'image inconsciente du corps, à travers une nouvelle perception de notre schéma corporel.

Cette nouvelle symbolique de notre schéma corporel nous permettra d'appréhender la somatisation dans son aspect matérialisé : la maladie[10].

Ainsi que nous l'avons vu, le processus de suggestion apporte aux techniques de visualisation toute la puissance des messages imprimés dans le subconscient, dans un état modifié de conscience qu'est « l'état perméable ». Ces processus de suggestion vont donc nous permettre de créer des réflexes conditionnés qui serviront de points de départ à de futurs travaux de suggestion positive. Ainsi certaines images ou certains gestes induiront-ils instantanément une réaction de relaxation.

Ces applications vont intervenir à trois niveaux du développement de l'être : au niveau physique, au niveau psychologique, et au niveau spirituel.

De nombreuses personnes méconnaissent certaines parties de leur corps, soit qu'elles n'aient jamais eu l'occasion de les rencontrer, soit que ces zones soient chargées d'affects négatifs que la personne évite. Il se peut qu'à la suite d'un traumatisme ou d'un interdit, l'individu ait mis en place un véritable conditionnement afin de se couper des messages sensoriels venant du corps. Par le travail sur le schéma corporel et la prise de conscience de notre espace interne, nous allons, de nouveau, accéder à cet espace intérieur qui n'appartient qu'à nous. La construction d'une image consciente et la perception de la vie de nos organes vitaux pourra permettre de stimuler ceux-ci (par exemple, les intestins pour la constipation, le pancréas pour le diabète, les sécrétions pulmonaires pour l'asthme, etc.). Il sera possible de constituer une carte ou un plan d'architecte qui sera un état des lieux avec les zones d'énergie libre, les tensions, les stases. C'est la première étape vers la réparation et la résolution des impasses physiques. Un autre aspect très important du travail de visualisation au niveau physique sera le développement du mouvement « anacinétique »*.

Avant chaque geste, nous visualisons inconsciemment le mouvement que nous allons faire en tenant compte d'une multitude de paramètres : position, espace, tonus, muscle, os...[11]. Ce mouvement anacinétique, qui pourrait aussi s'appeler : « Comment bouger dans sa tête? », est tout à fait indispensable en matière de rééducation des personnes immobilisées dans des plâtres ou lors de la préparation à certaines épreuves physiques, sportives ou autres. L'aspect dynamisant de ces exercices n'est pas limité au maintien psychologique du malade, c'est une véritable stimulation nerveuse et musculaire en dépit de l'inactivité des muscles. On observe des résultats étonnants lorsque l'on compare des personnes ayant subi le même traumatisme; celles qui auront quotidiennement fait « une promenade imaginaire » ou des exercices avec le membre accidenté auront une rééducation beaucoup plus courte et moins douloureuse. Bouger dans sa tête, c'est donc déjà bouger.

La pratique de visualisation va également permettre de travailler sur les tensions qui constituent l'armure caractérielle. Par exemple, un sujet traumatisé par une expérience pénible

---

* Le mouvement anacinétique est un mouvement imaginaire. Il est perçu par le sujet alors même que le membre impliqué reste immobile. Dans le cas d'une immobilisation, on peut favoriser le mouvement anacinétique; celui-ci aura l'effet d'une rééducation.

au cours de son enfance sera hésitant face à une activité similaire, appréhendant de renouveler son expérience négative. Par là, il inhibera une partie de ses ressources. Le travail de visualisation va lui permettre de vivre sa peur et de l'exprimer. Puis nous l'inviterons à revivre, en la « visualisant positivement », cette expérience. Il pourra ainsi avoir accès à des ressources qui étaient auparavant inhibées, et faire un « réapprentissage » du vécu.

Enfin, un aspect majeur du travail au niveau physique sera celui qui concerne les stimulations biologiques et notamment les fonctions immunitaires. Quand notre corps est agressé, il se défend comme un individu lorsqu'il est attaqué. Il est possible d'activer ses ressources de défense en visualisant des sensations associées à cette défense. Aux États-Unis, des expériences ont démontré que le système immunitaire pouvait être stimulé en quelques minutes. Il s'agissait de faire une prise de sang à un groupe de volontaires afin de connaître l'état de leur formule sanguine, puis, sous hypnose, de suggérer et de faire ressentir les sensations d'une blessure, même peu importante, puis de refaire une analyse de la formule sanguine. La comparaison des analyses permettait de vérifier la variation des capacités immunitaires des personnes. L'apprentissage de la maîtrise de la tension artérielle s'est révélée tout aussi spectaculaire[12].

Au niveau psychologique, la visualisation prend en compte le vécu émotionnel, les émotions non exprimées, les ressentiments, afin d'accéder au « pardon ». Le pardon signifie le don que l'on se fait à soi-même, et c'est dans le pardon que peut se faire la réconciliation soit avec des figures parentales, soit avec d'autres personnes, des lieux ou des entités.

Dans un premier temps, nous allons travailler à la dissolution des défenses que la personne a mises en place. Il s'agit d'une procédure psychologique qui lui a permis de ne pas souffrir, où des comportements psychologiques et des attitudes compensent des manques et des déséquilibres provoqués par d'anciennes blessures. Avec la visualisation, nous allons remettre en cause ce système et surtout la personne va désapprendre, se désensibiliser par rapport à des comportements et des événements vécus comme traumatiques. En renonçant à ce comportement, elle va pouvoir choisir d'accéder à de nouvelles décisions plus appropriées à sa vie actuelle.

Enfin, les techniques de visualisation vont pouvoir agir au niveau spirituel, prenant pour objectif la réunification de l'être. Il s'agit pour le sujet d'accepter ses limites, d'avoir une vision plus juste de lui-même, de découvrir son authenticité en acceptant de poser un regard bienveillant sur les autres et sur lui-même, de se sentir appartenir, d'aimer et de se laisser aimer.

Essayons maintenant de comprendre comment pratiquer ces exercices de visualisation, qui nous permettront de mettre en application ces théories. Nous allons, dans un premier temps, aborder la notion de cure, et voir ce qu'elle signifie, puis il s'agira d'analyser la composition d'un exercice, sa nature et son sens.

## NOTES BIBLIOGRAPHIQUES

1. Dennis Jaffe, *La Guérison est en soi*, Robert Laffont, Paris, 1981.

2. *L'Encyclopédie de psychologie*, Herder, New York, 1972.

3. J. Lerède, *Qu'est-ce que la suggestologie?*, Privat, Toulouse, 1980.

4. J. Lerède, *Op. cit.*

5. *Op. cit.*

6. *Op. cit.*

7. Voir Bargriana Belanger, *La Suggestologie*, Retz, Paris, 1978.

8. C. Godefroy, *La Dynamique mentale*, Robert Laffont, Paris, 1976.

9. P.O. Box 7237, Little Rock, Arkansas 72217, États-Unis.

10. Cette approche est plus directement issue de la psychologie humaniste et des travaux de Wilhelm Reich.

11. Herrigel, *Le Zen dans l'art chevaleresque du tir à l'arc*, P. Derain, Paris, 1964.

12. James Lynch, *op. cit.*

3

# La pratique

## 1. LA CURE

Au cours des années de pratique, la visualisation-symbolisation a vu évoluer la cure qui, progressivement, tend à ressembler à une psychothérapie classique de face à face ou de groupe. Ceci est dû à l'érosion des croyances magiques face à une approche aux résultats à la fois spectaculaires et inexpliqués.

La formation plus approfondie des praticiens les a rendu plus vigilants et rigoureux à ne pas escamoter les cas « d'échecs » pour ne garder que les succès. Dans le mouvement des médecines alternatives, beaucoup se sont lancés en croisade contre la médecine classique et contre la chimiothérapie systématique qui ne prenait en cause que le symptôme et niait l'unité de la personne comme un tout en interaction.

Le refus du traitement de chimiothérapie s'est avéré souvent n'être que l'expression de déni, première phase du deuil dont il est urgent de sortir afin de prendre des décisions face à une maladie qui se développe.

Aujourd'hui les thérapeutes en visualisation-symbolisation sont attentifs à prendre en cure des patients qui, parallèlement, suivent un traitement conventionnel.

Le travail de visualisation-symbolisation vient en étayage, puis en reconstruction d'un système psycho-corporel en état d'effondrement. On parlera alors plus de thérapie de soutien, voire d'accompagnement de patient. La France est terre de monopole et de corporatisme; le seul qui est en droit de prodiguer des soins est le médecin, il n'est donc pas étonnant qu'il prétende aussi au monopole de la guérison, quitte à en déposséder le principal auteur qu'est le patient. Pour une juste distance il est bon de rappeler la définition du charlatan : «Celui qui utilise la guérison pour prouver sa démarche.»

La cure comporte trois stades différents :

- le premier est celui de l'urgence et correspond à la phase aiguë. Dans ce cas, le sujet — qui vient, par exemple, de recevoir le diagnostic d'une maladie incurable et sait que ses jours sont en danger, même s'il le nie — est touché d'une manière subconsciente;
- le second stade est nommé «phase de changement», parce que le sujet souffre de troubles somatiques qui ne mettent pas directement ses jours en danger mais altèrent la qualité de sa vie. Dans ce cas, la personne peut traverser une crise temporaire, professionnelle ou personnelle, et l'on constatera des facteurs de stress spécifiques : divorce, deuil, déménagement, examen, etc.
- la «cure d'apprentissage» concerne la prévention. Le sujet a vécu l'une des deux phases précédentes à un moment donné. Il a compris que le stress et l'usure mentale n'aident pas à progresser harmonieusement dans la vie. Il connaît les bienfaits des techniques de visualisation et de relaxation (yoga, méditation...) qu'il pratique par hygiène de vie. Il veut répondre à des désirs non satisfaits et gérer ses émotions au fil du temps sans accumuler

de ressentiment. Il vient pour mettre en place une politique ou une philosophie de santé.

Dans la phase aiguë, les entretiens sont de préférence pris en individuel alors que pour les deux suivantes la pratique du groupe est plus enrichissante. La fréquence des rendez-vous est hebdomadaire, mais peut parfois atteindre deux à trois fois dans la semaine. Au début de la phase de changement, les séances sont hebdomadaires et deviennent très rapidement bimensuelles. La mise en place de la cure de prévention nécessite des séminaires de trois jours, plus appropriés que des séances régulières. Il suffit ensuite de quelques séances qui feront office de « piqûres de rappel ».

Les trois étapes de la cure s'enchaînent. On peut entrer en phase aiguë et, une fois ce stade traité, passer à la phase de changement, de redécision, puis dans l'installation. Pendant la phase de crise, le thérapeute traite l'urgence. Puis, dans la phase suivante, la personne prend conscience de l'ampleur de son problème et réussit à se mettre hors de danger. On peut alors envisager des redécisions majeures qui aboutiront à l'étape dite de prévention, où s'installe cet apprentissage alors acquis. C'est la cristallisation du processus.

# Les différentes phases

## La phase aiguë

Le patient est profondément traumatisé, sachant que ses jours sont en danger. Le premier rendez-vous va permettre de faire un tour complet et global de la situation. Dès les premiers instants, nous allons veiller au confort physique de la personne, l'inviter à prendre un temps de répit en lui offrant la protection nécessaire, pour qu'elle puisse accéder à ses émotions. A ce niveau-là, il est indispensable que le sujet ait pris connaissance de son diagnostic, qu'il puisse, en d'autres termes, nommer précisément la maladie et que le monde médical l'ait mentionnée. Autant la connaissance du diagnostic est souhaitable, autant le pronostic est néfaste, car nul ne peut savoir combien de temps il reste à vivre.

Le sujet doit regarder sa maladie en face. Il faut le renseigner honnêtement sur son état de santé afin qu'il apprenne à se relaxer et à gérer son niveau de tension. En réponse aux informations que le patient donnera sur sa vie et sur le facteur déclenchant de son symptôme, nous pourrons lui montrer comment restructurer son temps, prendre plus de loisirs, réapprendre la joie de vivre.

Le concept de la maladie psychosomatique est perçu comme une impasse au plan psychique, exprimée au niveau physique par le corps. Les affects refoulés se matérialisent dans un symptôme qui apporte une réponse à ces *gestalts*, ces ensembles indissociables qui demandent à être clôturés. Il n'est évidemment pas question de culpabiliser le patient en le rendant responsable de sa maladie, mais de l'inviter à prendre soin de sa personne. La démarche de « positivation » consistera à l'encourager dans tous les aspects de sa vie, y compris les aspects dommageables qui ont abouti à sa maladie. Il faudra faire alliance avec l'État du Moi Parent** pour l'amener à utiliser son énergie au service de la santé et de la satisfaction des besoins.

Prenons l'exemple de Marie, atteinte d'un cancer du sein. Dans son premier entretien, elle raconte sa vie et son énergie consacrées à l'éducation de ses deux enfants. La totalité de son temps libre était vouée à faire des ménages, ce qui lui évitait de demander de l'argent à son mari préoccupé par sa situation professionnelle. Marie explique sa fatigue et raconte ses efforts pour ne pas faiblir. (Elle pleure en silence.)

Le thérapeute lui dit : « Je vois combien vous êtes courageuse. Ce sens de la responsabilité est précieux. Votre mari et vos enfants ont beaucoup de chance de vivre avec quelqu'un de si persévérant. »

Marie se met à pleurer plus fort. Elle dit sa colère et sa tristesse que personne n'ait remarqué ses qualités. Elle évoque sa mère, si difficile à satisfaire, qui lui en demandait toujours plus.

Après un long silence, le thérapeute pose sa main sur l'avant-bras de Marie : « Vous allez prendre du temps chaque jour, lui dit-il, pour faire des exercices de relaxation ; vous trouverez ainsi l'énergie de faire ce qui vous semble important. »

Les exercices en question vont lui permettre de découvrir ses besoins insatisfaits, puis de se donner les moyens de combler ses désirs. Le thérapeute lui demande de continuer ses efforts, mais pour prendre soin d'elle-même.

Dans la première phase de cette cure, il est en effet essentiel de « stroker »** et d'encourager la personne dans tout ce qu'elle fait. Il s'agit de soutenir tous les États du Moi** ou les différents comportements sans les confronter directement, même si certains de leurs aspects sont négatifs.

L'objectif est d'amener le sujet à orienter son énergie vers un regain d'intérêt pour la vie, mais pas encore de lui faire corriger ses comportements. D'une manière non verbale, nous l'inviterons à prendre soin de son confort physique. Nous lui demanderons de restructurer son temps et de s'octroyer au minimum une heure par jour de plaisir « dans des activités non productives », ce qui lui permettra de trouver un équilibre tout en prévoyant une plage de temps pour la réflexion. C'est au cours de cette heure « inutile » que le patient va « infuser » les ingrédients reçus pendant la séance de thérapie.

Une huitaine de jours après le début de la psychothérapie, nous l'engagerons à s'investir davantage. Progressivement, nous allons entrer dans son cadre de références. Nous interrogerons les différents États du Moi**, en commençant par le Parent**, suivi de l'Enfant**. Nous établirons une alliance avec l'Enfant pour rencontrer le Parent introjecté**. Pour accéder à l'Enfant, il faut distinguer les aspects positifs des états négatifs du Moi.

Si l'on souligne le négatif trop tôt en insistant : « Ce n'est pas bien de travailler de la sorte, regardez comme vous vous êtes rendu malade », nous renforçons le Parent négatif. Il est, dans un premier temps, nécessaire de laisser s'exprimer toutes les douleurs, les frustrations et les ressentiments regroupés dans l'Enfant. Ce sont eux qui ont poussé l'Enfant à décider, s'adressant à son Parent : « Puisque tu ne veux pas prendre soin de moi, puisque je n'ai pas la permission de prendre moi-même soin de ma personne, je vais tomber très malade et tu seras obligé de me soigner! »

C'est à ce stade que se situe l'impasse, une sorte d'ambivalence où la personne cancéreuse, par exemple, se trouve coincée entre la solution d'être soi-même, de satisfaire ses vrais besoins en risquant d'être rejetée ou abandonnée et celle de méconnaître ses vrais besoins pour maintenir le lien et être aimée au risque de se nier elle-même. C'est comme si deux personnes habitaient le même corps : l'une veut vivre autrement et s'exprimer de manière authentique au risque (imaginaire) de déplaire et d'être rejetée, l'autre se soumet, nie ses besoins et sa personnalité authentique mais contient sa rancune et ne voit d'autre issue que la mort pour résoudre l'impasse dans laquelle elle se trouve. Le travail thérapeutique va consister à sortir de cette impasse pour accéder à l'idée qu'il faut vivre selon ses propres aspirations sans penser à faire plaisir à tout prix ni nier ses besoins.

Dans cette démarche, le sujet atteint devra répondre à deux questions qui l'assaillent :

— Pourquoi cette maladie?

— Pourquoi moi?

« Cette étape est très importante, écrit la psychothérapeute Sophie Garnier, car elle permet au patient de réintégrer la maladie dans un cadre de références cohérent en rapport avec son vécu. Elle perd ainsi son aspect de fatalité face auquel le patient se sentait impuissant et désarmé. Cela lui permet de donner du sens et ainsi de reprendre son pouvoir pour affronter la maladie comme un événement qu'il peut s'approprier et sur lequel il peut agir. Si ce qu'il était jusqu'à ce jour a quelque chose à voir avec l'état de maladie dans lequel il se trouve, il a le pouvoir, en agissant sur sa façon d'être, de participer activement au rétablissement de sa santé[1]. »

L'étape suivante du plan thérapeutique va consister à apprendre à la personne à utiliser l'imagerie mentale et la visualisation. Tout ce travail va se faire autour de l'exercice du dessin décrit plus loin, de la relaxation, et d'exercices progressifs de visualisation. Le but visé est de réactiver l'image du corps en stimulant la sensorialité pour retrouver des sensations oubliées. Cette démarche va enrichir l'image inconsciente du corps qui est à la base de toute vie psychique.

On permettra d'abord à la personne d'accéder à son schéma corporel en lui donnant la possibilité de s'approprier les différentes parties de son corps, de vivre des sensations agréables dans son corps, de ressentir du plaisir, de la détente. Tout au long de cette exploration, nous allons voir émerger de nouvelles problématiques liées à l'arrivée du symptôme. Le sujet devra effectuer trois à cinq séances de relaxation par jour pour que naisse réellement une nouvelle relation à son corps. Puis il apprendra à visualiser sa maladie, à lui adresser la parole comme à une personne capable de répondre, en d'autres termes, à dialoguer avec sa maladie, à rétablir un dialogue intérieur. Il devra enfin imaginer un traitement, par le travail sur les dessins, le partage du vécu des exercices. Nous verrons apparaître dans la symbolique toutes les causes de la maladie et, le cas échéant, les ressentiments qui y sont liés, l'ambivalence entre les deux structures, les deux aspects de la personnalité dont nous parlions ci-dessus.

Quand la personne accepte de visualiser sa guérison, elle prouve son intention de guérir. C'est déjà un premier pas vers l'amélioration de son état.

## La phase de changement

Cette phase se distingue de la précédente par la disparition du caractère d'urgence et des risques qui l'accompagnent. En conséquence, le travail pourra être effectué plus en profondeur.

Dès le premier entretien, nous aurons une idée tout à fait précise de la problématique du sujet vue dans son ensemble et son environnement plus général.

Une des premières étapes va consister à établir un bon rapport de transfert avec un *contrat* clair qui permettra la confrontation et l'expression des émotions. Dès que la personne aura suffisamment parlé des problèmes qu'elle rencontre dans sa vie sentimentale ou dans son environnement professionnel, nous pourrons lui proposer un contrat d'Issue Dramatique de Scénario**.

Le contrat d'IDS met à jour les pulsions inconscientes de destruction, de meurtre, de maladie ou de démence et invite le sujet à y réfléchir et à y renoncer.

Ce contrat s'établit d'abord à court terme, dans un délai de quinze jours à un mois. Il est évident que la qualité de l'engagement prime sur la durée du contrat et qu'il est plus aisé de maîtriser les pulsions du patient sur un court terme. Une fois ce contrat signé symboliquement, le patient sait très précisément quels sont les objectifs de la thérapie. Nous pourrons ainsi traiter les bénéfices secondaires de la maladie et poser de nouvelles problématiques, comme celle-ci : « Qu'est-ce que cette maladie me permet d'obtenir que je ne pourrais ou n'oserais obtenir autrement? »

Les exercices de visualisation, les relaxations quotidiennes, le travail sur le dessin, sur la structuration du temps, vont nous permettre d'aborder les différentes étapes du deuil. Le patient doit assumer la responsabilité de ses émotions, reconnaître les comportements qui lui sont dommageables, faire l'apprentissage de nouvelles attitudes plus appropriées. Nous accompagnerons le sujet dans les différentes étapes du deuil que sont le déni, la colère, le marchandage, la dépression et l'acceptation[2].

Parvenue à ce stade de l'acceptation, la personne pourra envisager un comportement différent et donner ainsi une nouvelle orientation à sa vie. Elle n'aura plus besoin du symptôme ou de la maladie pour exprimer son malaise.

## La prévention

Elle consiste à traiter son scénario dès les premiers symptômes. Mieux encore vaudrait développer, pour les générations à venir, des scénarios de bonne santé, chacun se développant dans un amour inconditionnel qui éviterait de « faire plaisir » au détriment de sa propre personnalité. Certains besoins humains sont à ce point essentiels que lorsqu'ils ne sont pas comblés, la carence se reporte sur quelqu'un d'autre.

C'est ainsi que la carence de la mère se reporte sur l'enfant, qui lui-même la transférera sur un proche.

## Les paramètres des modalités de changement ou d'évolution

Chacun de nous a intégré au cours de sa vie des processus d'évolution. Prenons l'exemple de l'apprentissage du mouvement : certains marchent d'une manière ample, souple, ondulante. D'autres, au contraire, avancent d'un pas saccadé, rapide, un peu mécanique. Cette manière de se déplacer dans l'espace est en relation avec les pensées du sujet.

Se déplacer d'un point A à un point B peut se faire de multiples manières. La ligne droite n'est, curieusement, pas la norme. Nombre de personnes avancent, au contraire, en « zigzag ». Ce déplacement dans l'espace va se faire en tenant compte du processus structurant la personnalité de l'individu. Nous pouvons également le comparer à un processus de digestion. La personne transforme, digère les divers apprentissages qu'elle rencontre dans sa vie pour progresser. Mais elle intègre aussi les épreuves qu'elle traverse, dont chacune peut à son tour être un apprentissage. Chaque jour de la vie va apporter des événements spécifiques que la personne traitera selon ce processus.

Si le processus thérapeutique est fondamentalement différent des modalités de changement de l'individu, ce dernier devra faire une traduction dans son propre mode; il en découlera une perte de temps et d'énergie affectant l'efficacité. Pour éviter cela, le thérapeute devra identifier la modalité de changement du sujet, s'y adapter et, en quelque sorte, décoder son langage. Si le psychothérapeute tient compte du profil de changement, le travail thérapeutique deviendra rapidement un simple accompagnement.

Sur ce schéma, nous pouvons identifier certains types de croissance. La liste qui suit est loin d'être exhaustive :

- le type contemplatif est une croissance progressive, en continu sur les acquis précédents. La croissance est gérée au quotidien, d'une manière régulière et sereine, sans à-coups, tel un long ruban qui se déroule inexorablement ;

• le type kangourou : le sujet évolue par bonds en fonction de ses prises de conscience. Il peut intégrer rapidement les notions qu'il vient de découvrir. Puis, durant un long moment, nous pouvons penser qu'il n'intègre plus de données… jusqu'à sa prochaine découverte ;

• le type barrage ressemble étrangement au type kangourou, mais avec une progression encore plus lente. La croissance s'effectue par maturation ou accumulation d'énergie, de force, d'épreuves. Puis, la personne prend conscience de son blocage ou de sa retenue. Elle décide alors de rester ainsi ou au contraire de s'ouvrir ;

• le type « par retenue d'élastique » : le sujet ne peut évoluer que lorsque les « élastiques » qui le retiennent dans son passé sont « décrochés ». Nous avons vu, dans les processus de maladies, comment certains événements vécus dans l'instant étaient reliés à des traumatismes ou des événements non résolus dans le passé. Tant que ces événements n'ont pas été évacués, des poches d'énergie subsistent et demandent à être libérées : un peu comme un bateau qui voudrait quitter le port, mais n'a pas encore largué ses amarres ;

• le type freinage : le sujet freine pour ne pas avancer dans la vie. Le processus est différent de la « retenue d'élastique ». Dans le cas précédent, le patient avait besoin d'être libéré. Ici, c'est lui-même qui freine pour ne pas progresser. Il avance péniblement, avec usures et somatisations ;

• le type par paiement correspond à des épreuves régulières, dont les succès aideront la personne à progresser. Le patient estime qu'il faut réussir ou souffrir pour avancer dans la croissance ;

• le type par traumatisme : le sujet est installé dans la passivité et seuls les traumatismes le font avancer. Ils sont sa seule énergie motrice. Si l'on prend l'exemple d'une personne licenciée avant qu'elle ait pu le prévoir ou prendre en compte cette éventualité, elle va se libérer, une fois au chômage, et découvrir qu'il faut être prévoyant;

• le type par inertie : le sujet attend que les autres le fassent avancer. La relation aux autres est ici d'une extrême importance pour sa croissance;

• le type par glissade : la personne donne l'impression d'être sur une pente verglacée, comme si une force immuable la poussait en avant sans qu'elle puisse la contrôler. Elle tente de se rattraper, mais il n'y a aucune adhérence et elle glisse. Ce type se retrouve parfois chez les personnes alcooliques ou droguées. Il sera difficile pour le thérapeute de donner l'impression qu'il accompagne son client. Pourtant, au début, il devra suivre la même voie que lui tout en installant des « crampons » qui lui permettront de ralentir la glissade.

L'important, ici, est de ne pas tenter d'arrêter totalement cette glissade;

• le type stagnant : le comportement « stagnant » du patient rappelle un étang qui ne varie qu'au rythme des saisons. De même, le sujet n'évolue que sous l'impulsion de son environnement. Nous ne sommes pas loin du type par inertie, pourtant ici, le sujet n'attend aucune aide particulière. S'il évolue de fait, il ne le souhaite pas vraiment;

• le type par éclatement : la personne se trouve comme une noix dans le casse-noix, qui cherche à éclater;

• le type par combat : ce type est une variante du type « par paiement ». Le sujet cherche à se battre et à gagner. C'est au travers des batailles qu'il mène qu'il a l'impression de progresser;

• le type archéologique : la personne va progresser par strates, un peu comme un éphéméride dont les feuilles minces sont superposées;

• le type par fuite : le processus de base sera l'éloignement. Le sujet va chercher à s'éloigner de ses problèmes et sa croissance se fera à travers ceux auxquels il aura effectivement échappé;

• le type « trois pas en avant, deux en arrière » : le sujet avance pour expérimenter. Il se dit qu'il peut revenir sur ses pas et qu'il n'est jamais obligé de changer immédiatement.

La première étape va donc consister à identifier la principale modalité de changement du sujet. Cela se fait par l'écoute. Au cours de l'anamnèse*, il est possible d'observer les processus de communication du sujet. Sa respiration, la mobilité ou l'immobilité corporelle, le débit de parole... sont autant d'indices qui nous permettent de définir le type de croissance. Si le thérapeute pense à observer le processus d'évolution du sujet, il identifiera immédiatement le rythme qu'il doit adopter pour une parfaite adaptation à sa conception du plan thérapeutique. Nous concevons souvent le plan thérapeutique comme une carte routière, un itinéraire où sont prévues les étapes de repos ou de restauration et ce, jusqu'à bon port.

Il est évident que si le sujet a un type de croissance « par glissade » et que le thérapeute propose un travail de type « archéologique », le patient vivra mal sa psychothérapie et le résultat sera négatif. De même, si le thérapeute fonctionne par éclatement alors que son patient se trouve dans un type de fuite, il y aura incompatibilité totale et échec de la thérapie.

## 2. LA SÉANCE DE VISUALISATION

La composition de la cure se retrouve en réduction dans la structuration d'une séance et même dans la composition d'un exercice.

Une séance se compose tout d'abord d'un temps d'anamnèse ou de restitution des événements importants, ou jugés significatifs, qui se sont produits depuis la dernière séance. La démarche permet de vérifier à quelle étape le patient se situe dans son développement et d'ajuster ainsi le plan thérapeutique. Les modes de changement doivent être respectés et, dans certains cas, il convient de s'attarder sur un même point. A la fin de ce temps d'anamnèse ou de restitution, il est utile de verbaliser le contrat de séance : « Que souhaitez-vous

---

* Anamnèse : temps d'observation consacré à l'historique de la maladie et de son évolution.

obtenir de cette séance? Que voulez-vous changer aujourd'hui?» Dans ce contrat, la question primordiale est celle du résultat que le patient souhaite obtenir de la séance. Mais il s'agit surtout de lui demander comment il compte intégrer cette séance et l'utiliser dans sa vie.

La phase suivante est celle de l'exercice proprement dit, où l'on utilise le processus de suggestion pour atteindre un niveau de conscience permettant la perméabilité inconscient/conscient (voir schéma 10). Au moment de ces émergences, le thérapeute peut émettre des suggestions pour mémoriser certains aspects du matériel inconscient émergent. Durant cette phase d'exercices, il est important de donner des suggestions favorisant la prise de conscience du schéma corporel et l'élaboration, dans l'esprit du patient, d'une image consciente de son corps. Cela se fera en invitant le sujet à reconnaître les tensions existantes de son corps, mais surtout en l'aidant à prendre conscience des sensations agréables que son corps lui prodigue. En activant le positif, il est possible de développer une sorte de somatisation de la santé.

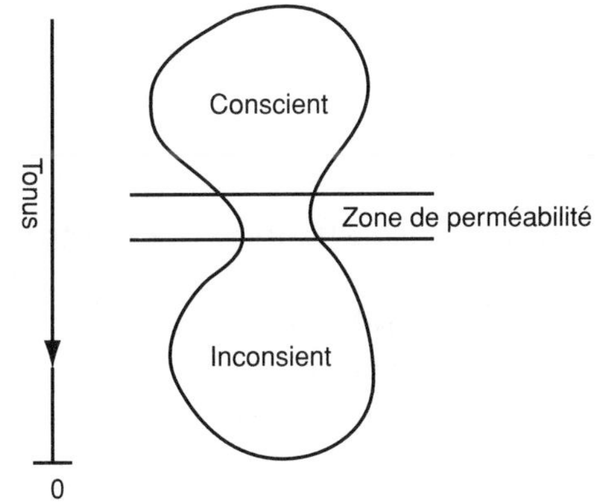


**Schéma 10** Zone de perméabilité

La dernière partie de la séance sera consacrée à la verbalisation du vécu de l'exercice, ce qui permet une intégration du matériel collecté dans les couches de la conscience active.

Un moment important est celui du départ. À cet instant, des suggestions renforçantes à l'état de veille peuvent être utilisées. Il s'agit de porter une attention particulière au phénomène inverse qui peut apparaître. Il serait dommage de travailler toute une séance pour amener un « bourreau de travail » à se détendre, à relativiser ses responsabilités afin qu'il prenne soin de lui et de lui dire à la fin : « Bon courage », ce qui signifie « Continuez à travailler dur »... Cette dernière suggestion réduirait à néant tout le travail effectué.

Il faut, en toutes circonstances, se souvenir que la dernière suggestion est toujours celle qui domine.

## Composition d'un exercice

Un exercice se compose :

- d'une phase d'induction (fixation),
- d'une phase de suggestion,
- d'une phase de reprise (retour à la tonicité),
- d'une phase de verbalisation et d'analyse du vécu.

### Phase d'induction

La phase d'induction (de fixation) peut être plus ou moins profonde. Dans le cas d'une formation en entreprise, elle peut être assez douce et ne signifier que quelques instants octroyés pour établir un contact avec soi-même et envisager l'éventail des solutions possibles à un problème donné. Lors de prises de conscience sensorielles, cette phase est, au contraire, beaucoup plus profonde et se situe soit au niveau visuel (avec l'utilisation de l'arc-en-ciel des couleurs), soit au niveau auditif pour conditionner la relaxation à un son, soit au niveau kinesthésique en provoquant une hallucination sensorielle ou en utilisant des sensations réelles comme les points de contact du corps avec la chaise ou le sol.

Au fil de l'exercice, plusieurs paramètres sont à considérer. Il y a les structures psychologiques du sujet, le cadre dans lequel se déroule l'exercice, le niveau relationnel entre le thérapeute et le sujet, le degré de confiance. Ces paramètres seront autant de facteurs essentiels pour une parfaite perméabilité du sujet. Nous reprendrons plus loin ces éléments plus en détail.

Une fois l'anamnèse réalisée et le contrat établi — même si, dans la pratique, les deux ne se font pas toujours de manière formelle — l'exercice proprement dit peut enfin commencer.

D'une manière générale, on considère la transe la plus profonde comme la meilleure réussite, à condition toutefois qu'elle soit bien vécue par le sujet et que celui-ci, à la fin de l'exercice, n'ait pas l'impression d'avoir perdu le contrôle de lui-même et de s'être ridiculisé.

C'est dans cette partie de l'exercice que nous allons travailler davantage sur la prise de conscience du schéma corporel qui permettra de développer l'enracinement et la conscience d'exister qui l'accompagne.

Dans certains cas, la phase d'induction est une démarche suffisante pour permettre au sujet de prendre conscience des tensions physiques qu'il doit traiter. L'apprentissage de l'accès à l'état de relaxation et à celui de perméabilité est thérapeutique en soi. Une simple suggestion de confiance ou de bien-être à la fin de cette phase peut suffire pour des sujets en début de cure. Ceci est particulièrement vérifié dans les situations de dépression où le patient est coupé de ses sensations et de son corps. Dans ces cas, un simple travail sur la respiration et le schéma corporel (les deux premières étapes de la cure) suffit parfois.

Vous trouverez dans la deuxième partie de ce livre différents types d'induction, notamment celles qui consistent à modifier certaines perceptions de la réalité (distorsion du temps, modifications des fonctions auditives ou amnésie). Ces suggestions faites au cours de l'induction doivent impérativement être prises en compte lors du retour à la tonicité, ceci afin de ne pas laisser le sujet avec des suggestions induites qui pourraient être dangereuses pour lui hors de la séance. Nous y reviendrons.

## Phase de suggestion

La phase de suggestion est une inscription, ou ancrage, de nouvelles programmations dans le subconscient. C'est la partie de l'exercice à la fois la plus importante et la plus délicate. Dans l'état de perméabilité, les frontières du Moi s'effacent pour un temps. Cette partie de l'exercice s'apparente plus à la microchirurgie qu'à la mécanique lourde. Il est donc indispensable que le thérapeute ait lui-même suivi une thérapie complète. Il sera ainsi capable de gérer la situation dans l'intérêt du client.

Il s'agit de remplacer des programmations archaïques inconscientes par des propositions métaphoriques appropriées à la situation présente. Chaque nouvel élément de suggestion proposé à l'inconscient du sujet va impliquer un réajustement global de l'ensemble de son vécu archaïque. Le passé sera vu sous un autre regard. Certes, les événements historiques n'auront pas changé, mais les perceptions et le souvenir en seront différents. Ainsi, dans l'avenir, le sujet réagira différemment lorsqu'il rencontrera des situations analogues. Ces nouvelles programmations constructives sont ancrées par des visualisations sensorielles de l'objectif souhaité, vécu comme étant déjà atteint. Dès que le message suggestif aura été donné, nous inviterons le sujet à se projeter dans un monde à venir et à vivre sous forme de visualisation sensorielle l'objectif atteint, à percevoir les bénéfices qui en découleront.

Ainsi, tout comme lors d'une répétition générale, le sujet prépare, par l'implantation de réflexes conditionnés ou de moyens mnémotechniques, la prédiction d'une situation. L'inconscient du sujet induit alors un comportement compatible avec la réalisation de cette prédiction (à ce sujet, voir au chapitre 1 la définition de l'effet Pygmalion).

Il arrive parfois, au début de la cure, que cette phase de suggestion soit utilisée pour que le patient définisse les problèmes qu'il souhaite résoudre. C'est presque une radiographie de l'histoire du sujet dont l'image définirait les zones de tension et les nodosités.

Dans la phase suivante, il faudra ôter le détonateur de chacune de ces mines que constituent les zones de tension, même si l'on veille à ce que chacune reste en place dans un premier temps. Il apparaîtra plus tard que certaines mines ne sont plus nécessaires dans le système de défense. Dans ce cas, le sujet pourra, lui-même, décider de s'en défaire. En attendant ce moment, il faudra en respecter l'existence. Dans l'esprit de l'individu, elles paraissent parfois la meilleure solution à un problème naissant.

## Phase de retour à la tonicité

La phase de retour à la tonicité correspond au moment où le thérapeute, après avoir laissé suffisamment de temps au sujet pour s'imprégner de ses suggestions, décide de lui faire quitter la zone de perméabilité. Le sujet s'éloigne de cette zone, chargé des prises de conscience effectuées au cours de l'exercice, et revient à un état de vigilance. C'est le moment d'annuler les suggestions qui auraient pu être données au cours de l'induction et ne seraient plus appropriées à la situation de veille.

Les suggestions de retour à la tonicité telles que : « Dans quelques instants, quand vous ouvrirez les yeux, votre esprit sera clair, reposé, détendu. Vous serez heureux de vivre et prêt à affronter les tâches qu'il vous reste à accomplir aujourd'hui... » apportent la dynamisation suffisante.

Le rythme vocal, le ton du thérapeute doivent inciter à la tonicité et sont, bien entendu, très différents du ton utilisé lors de l'induction. Pendant que le sujet sort de la zone Delta, Thêta ou Alpha pour entrer dans la zone Bêta, il est encore temps de lui faire des suggestions toniques telles que : « Étirez-vous comme après une longue nuit de sommeil, d'un sommeil profond, réparateur, l'esprit clair, reposé, heureux de vivre... »

## Phase de verbalisation

La dernière partie de l'exercice correspond à la verbalisation du vécu. Cette phase est tout à fait indispensable pour que le sujet intègre les éléments découverts lors de l'exercice.

Le sujet se situe entre l'état de perméabilité et celui de veille. Dans cette phase, le thérapeute pourra évaluer ce qui a été reçu et accepté par le sujet. Il pourra renforcer et confirmer des décisions exprimées au cours de l'exercice, ancrer au niveau conscient les points les plus importants du travail.

## Le processus

Le processus de suggestion consiste en une focalisation sur un certain état de conscience. Dans cet état, les facultés de l'esprit du sujet sont accaparées par un seul cheminement de pensée, ce qui met les autres fonctions entre parenthèses. Le processus de suggestion est également appelé processus hypnotique ; il est partie intégrante de notre vie.

En préambule, il faut savoir que l'inconscient recouvre tout ce qui ne constitue pas le temps présent. Il correspond à l'accumulation de nos expériences et apprentissages passés, mais aussi de toutes nos anticipations et projections futures. Il fonctionne de manière permanente, parallèlement au système conscient.

Ainsi, tout ce qui apparaît pendant le processus de suggestion existe préalablement à l'état latent chez le sujet. Bien des phénomènes spécifiques à l'état de suggestion peuvent apparaître spontanément dans la vie d'un individu sans même qu'il s'en rende compte. L'état obtenu par le processus de suggestion est tout à fait comparable à la transe.

La transe est en elle-même un processus thérapeutique parce qu'elle permet des réaménagements de notre cadre de références et que le fait même de descendre dans un état de perméabilité entre notre conscient et notre inconscient contribue à résoudre notre problème.

Milton Erickson a écrit : « L'hypnose est une technique de communication par laquelle vous rendez disponible le vaste champ des apprentissages acquis dont l'utilité réside principalement dans le fait qu'ils se manifestent sous forme de réponses automatiques[3]. » Le processus de suggestion est l'association de trois ingrédients en constante interaction et dépendant les uns des autres. Il s'agit du consentement (l'acceptation ou motivation du sujet face au processus), de la fixation ou focalisation (le rétrécissement du champ de conscience du sujet qui s'est focalisé sur un seul point) et de la suggestion (qui n'est autre qu'un message adressé à l'inconscient du sujet quand l'état de perméabilité est atteint).

Pour interrompre le processus de suggestion, il faudra donc interrompre cette triade : consentement, fixation, suggestion.

Dans le quotidien, cette situation se retrouve très fréquemment. En pédagogie, par exemple, la relation maître/élève est un processus de suggestion; le consentement correspond à la demande d'apprentissage, la fixation représente l'attention nécessaire pour suivre le cours. Elle est généralement soutenue et encouragée par des postures, la disposition des tables qui convergent toutes vers le tableau et le professeur. La suggestion, quant à elle, se retrouve dans le contenu du cours.

De même, lorsque vous regardez un panneau publicitaire dont l'esthétique a été soigneusement étudiée, l'image accroche le regard et suscite le consentement. La lecture de l'image et du message correspond à la fixation. La suggestion sous-entend qu'il faut acheter le produit si l'on veut ressembler à la créature de rêve qui s'affiche devant vous, ou la conquérir.

Un appel téléphonique est également une relation de suggestion. Vous entendez la sonnerie, vous décrochez le combiné, c'est un consentement. Vous vous concentrez sur la voix et les paroles, c'est la fixation. La suggestion se trouve dans le contenu du message.

Le plus intéressant dans le processus de suggestion est sans nul doute le fait que l'interaction entre le consentement, la fixation et la suggestion est auto-renforçante : chacun des éléments peut en effet induire un des deux autres.

Prenons l'exemple d'une suggestion : « Détendez-vous. » La fixation va suivre : « Suivez votre respiration. » Quand la personne va effectivement suivre sa respiration, elle donnera son consentement et le processus sera amorcé. « Maintenant, suggère le thérapeute, laissez-vous aller plus profondément. » « Transportez-vous quand vous le voulez dans un lieu qui n'appartient qu'à vous. » Si la personne se transporte dans ce lieu, il y a consentement. Si elle voit les images, perçoit les sensations propres au lieu, elle est dans la phase de fixation qui va renforcer les messages précédents. Plus la personne donnera de consentement, plus la transe sera profonde. De la même façon, plus les consentements seront impliquants, plus la transe sera profonde.

Pour que le processus fonctionne bien, il est nécessaire de laisser du temps au patient. Plus le laps de temps sera long après la suggestion, plus la personne approfondira son consentement. Il s'agit de maîtriser cet instant, car s'il s'avère trop long, la personne peut, au contraire, perdre toute concentration et revenir à l'état de veille.

Le processus de suggestion va consister à rester constamment dans ce triangle (consentement, fixation, suggestion) en l'alimentant par un apport continuel de « combustible » qui fera que la transe sera une réussite. Un tel processus, lorsqu'il est bien maîtrisé, permet d'inclure des messages dans d'autres messages. La transe thérapeutique est un état particulier qui intensifie la relation thérapeute/patient.

La fixation peut être interne ou externe, réelle ou imaginaire. Elle passe par les perceptions. Si l'on prend l'exemple d'une fixation sonore, telle un coup de gong tibétain, accompagné d'une suggestion : « Vous entendez ce son, plus vous le maintenez, plus vous vous relaxez », le sujet entend le son (consentement), il le maintient dans sa fonction auditive et se relaxe. Cette séquence est typique du processus de suggestion qui permet d'accéder à l'état de perméabilité. Le thérapeute nommera ce même état de manières diverses, selon qu'il se réfère à la visualisation, à l'hypnose clinique, à la Dynamique Alpha ou à la sophrologie, mais le processus restera commun à toutes ces approches. On appellera dès lors cette phase état de perméabilité, transe, niveau Alpha, État Modifié de Conscience (EMC) ou niveau subliminal.

## Le consentement

Le dictionnaire *Le Robert* définit le consentement comme un « assentiment accordé à une assertion ». C'est en fait une ouverture de l'Être à la suggestion de l'autre, une relation de confiance qui nous éclaire sur l'importance du transfert.

En termes d'Analyse Transactionnelle, le processus de suggestion se fait sous la protection du moi Parent avec l'accord du moi Adulte.

Si la relation entre le sujet et l'opérateur est libre et peu chargée au niveau transférentiel, le patient aura toute liberté de donner ou de refuser son consentement. En revanche, s'il existe des pressions extérieures, le consentement peut être obtenu avec une certaine coercition. C'est le cas au sein de relations institutionnelles très hiérarchisées, telle l'armée.

Il existe différentes manières d'obtenir le consentement.

- La première, la plus sûre, est le contrat. Il consiste à demander clairement au patient son accord et sa collaboration honnête.
- La seconde manière est plus implicite. Elle consiste à considérer d'emblée que la personne est d'accord. Si le thérapeute attaque sa séance par un « Nous commençons », le patient devra dès lors investir son énergie pour énoncer son refus de commencer.
- La contrainte est souvent un état de fait. Le patient peut être en prison, dans une chambre d'hôpital ou, plus simplement, dans une relation de dépendance, telle celle qui relie les enfants à leurs parents. L'enfant est dans une double contrainte puisqu'il a besoin de l'amour de ses parents pour vivre. Il est obligé de leur plaire et ne peut guère leur résister. Une grande partie de l'éducation se fera au travers d'expériences qui sont autant de suggestions données sous la contrainte.

Les drames conflictuels où l'enfant se fait sermonner sont à cet égard de parfaites illustrations de suggestion. L'enfant reçoit une décharge émotionnelle importante, il est terrorisé et le message, souvent négatif et réprobateur, est en réalité une suggestion hypnotique que l'enfant perçoit immédiatement. On retrouve le même schéma dans les processus d'audience captive tels que les prises d'otages et le syndrome dit de Stockholm où les victimes défendent souvent leurs bourreaux. De même, la situation de foule (meetings politiques ou syndicaux) et la crainte de représailles des congénères font que l'on adhère plus facilement à une action collective (vote à main levée).

• Le consentement par intimidation a de multiples ressemblances avec la contrainte : on prédit à un individu des représailles douloureuses en cas de désobéissance.

La menace, le chantage, l'utilisation de la culpabilité, ces moyens inhumains peuvent, paradoxalement, entraîner des effets positifs selon la personne qui les utilise. La contrainte est, par exemple, utilisée avec succès dans le cadre d'une « déprogrammation » de membres de certaines sectes. Dans leur cas, l'intoxication a elle-même été réalisée sous la menace.

• Le mode paradoxal permet également d'accéder aux buts recherchés. Si l'on affirme au patient, durant une minute, que sa main est très lourde, puis que l'on inverse le discours en insistant sur sa légèreté, la personne sera nécessairement piégée. Si elle est en rébellion et qu'elle refuse de sentir le poids de sa main, elle consentira alors lorsque l'on suggérera la légèreté. Il y a là un double lien. Plus le patient résistera, plus sa main deviendra légère.

• La séduction peut naturellement aider au consentement.

• On peut également utiliser l'amalgame en associant deux éléments intangibles à un troisième, tout à fait relatif. Le patient considérera que les trois sont intangibles. L'exemple le plus significatif est sans doute celui-ci : « Vous entendez ma voix... Vous sentez le contact de votre corps avec le sol... Vous vous relaxez de plus en plus profondément. »

• Le consentement peut être obtenu par opposition avec effet retard. C'est la technique des hypnotiseurs de music-hall qui provoquent d'abord la rébellion puis l'utilisent à des fins de consentement. Chacun de nous connaît ce scénario : « J'invite ceux qui en ont le courage à monter sur scène. Je les hypnotiserai en leur serrant simplement la main. » Un homme se lève dans la salle. « Bravo monsieur! Vous êtes courageux. Cette expérience ne présente aucun danger, mais attention! Dès que vous m'aurez serré la main, vous ressentirez une sensation particulière, il vous suffira de vous laisser aller et de vous concentrer sur cette sensation... » Dès que la personne accepte d'entrer dans la relation, d'affronter l'hypnotiseur, elle est partiellement piégée, puisqu'elle a consenti.

Le fait même qu'un individu crée, à la demande, une image dans son esprit est la preuve d'un consentement. Si l'on dit à une personne : « Il y a un éléphant rose au plafond. Surtout, ne le regardez pas », le fait même qu'elle lève les yeux et réponde : « Non. Les éléphants roses ne marchent pas au plafond » est la preuve qu'elle a consenti à créer l'image d'un « éléphant », à imaginer la couleur « rose » et le « plafond ».

Le niveau émotionnel dans lequel se trouve le patient sera, bien sûr, un facteur renforçant du consentement. Une immense joie associée à une suggestion fera prendre une décision qui restera imprimée profondément, même si elle est refoulée dans l'inconscient. Prenons l'exemple d'une mère, de retour de la maternité avec son bébé. Elle dit à sa fille qui tient, très fière, l'enfant sur ses genoux, qu'elle sera elle aussi maman un jour. La petite fille est dès lors programmée pour devenir une mère et cette suggestion participera à son plan de vie. Une forte charge émotionnelle va modifier le niveau de conscience. Plus l'émotion sera forte, plus la suggestion atteindra durablement les couches profondes de l'être.

## La fixation

La fixation est en elle-même un consentement. En acceptant de réduire son champ de conscience, en focalisant son attention sur une seule pensée (monoïdéisme), la personne accepte de ne pas voir, de ne pas prendre en compte certains aspects de la réalité. Elle accepte généralement de mettre au repos sa fonction critique et celle d'analyse, ou, en termes d'Analyse Transactionnelle, son Parent et son Adulte.

Les fixations les mieux acceptées sont les fixations internes, celles que nous suscitons dans le cadre de nos références et de notre champ de conscience. Quand le thérapeute dit à son patient de « se transporter dans un lieu de vacances », il n'a aucune idée de ce que peut être ce lieu (bord de mer, chalet à la montagne ou ferme à la campagne...). L'idée est pourtant plus facilement acceptée que s'il avait fallu « imaginer être au bord de la mer ». Le sujet peut en effet détester le rivage ou garder un mauvais souvenir d'un de ses séjours au bord de la mer.

Les fixations les plus efficaces sont donc celles que le sujet contrôle personnellement. « Entrez en contact avec votre respiration », « Fixez un point imaginaire », « Imaginez le goût d'un fruit que vous aimez particulièrement » ou encore « Imaginez le parfum d'une fleur. » Les fixations peuvent également être externes et faire appel au « système VAKO » (Visuel, Auditif, Kinesthésique, Olfactif ou gustatif). Un des premiers points à repérer est le canal de communication privilégié du sujet, ce qui est très simple. Au cours de l'anamnèse, quand le sujet parle de sa vie, il est facile de noter s'il utilise plus facilement les verbes voir, sentir, entendre, ou s'il est plutôt kinesthésique et s'exprime à l'aide de gestes[4].

Les deux étapes de consentement et de fixation sont essentielles. Elles fonctionnent comme des clés qui ouvrent des portes. Très souvent, les sujets demandent que nous les aidions à accéder au niveau de perméabilité pour le travail de suggestion. Ils ont besoin que nous les aidions à traverser leurs propres défenses. Nous savons que les forteresses les plus redoutables possèdent toujours une porte dissimulée ou un souterrain prévu pour fuir en cas de siège. Si l'on trouve l'entrée avec l'aide du sujet, on peut pénétrer dans la place.

L'état perméable, ou transe, est un état de symbiose volontaire à trois niveaux :

— physique et corporel,

— psychologique et émotionnel,

— spirituel.

Cela nécessite de laisser le thérapeute piloter le système et l'être pendant un temps limité, dans un but précis.

Plus loin, lorsque nous décrirons la composition de l'exercice, nous utiliserons un autre terme pour désigner ces fixations : les inductions.

# Procédures d'intervention pour une personne somatisante

## CONDITIONS PRÉALABLES

Le malade a une connaissance exacte du diagnostic de sa maladie, qui lui a été communiqué par son médecin traitant. Si un traitement ou une opération chirurgicale est déjà envisagé, il doit le savoir et en avoir discuté avec son équipe médicale traitante.

La personne suit un *traitement médical* reconnu comme tel, en parallèle à sa démarche de psychothérapie. Sans remettre en cause les aspects bénéfiques des médecines douces ou de certaines pratiques parallèles, il faut noter que lorsqu'elles excluent toute autre forme de médecine « classique », elles reflètent souvent une méconnaissance chez le malade ou sa famille de la gravité de la situation.

La thérapie de soutien est engagée *à la demande exclusive du malade.*

Ces trois points doivent être abordés dès le premier entretien en vue de clarifier les motivations et les attentes du patient et de vérifier qu'elles sont réalistes. Le malade peut ainsi faire le point et avoir une vision plus objective de son état de santé.

## PROCÉDURES DE DÉBUT DE THÉRAPIE

Au cours du premier entretien le thérapeute prendra soin de valider toutes les émotions exprimées. Il est capital de différencier valider d'approuver. Le premier accueille et prend acte (cela vient de l'Adulte) alors que le second apporte une note de jugement (cela vient du Parent).

Lors de ce premier contact, la personne est priée de s'installer confortablement, de trouver son espace. On peut ensuite l'inviter à décrire son histoire, sa vie.

Ceci abordé — même superficiellement — c'est le moment d'établir un contrat sur la structuration de la relation thérapeutique. Il faut fixer la fréquence des séances, le coût, l'éventualité d'absences. Cet aspect d'organisation sécurisera le malade qui comprendra que le processus est clairement défini et mis en place pour lui. C'est l'occasion pour les personnes qui n'ont jamais eu recours à une psychothérapie d'apprendre en quoi elle consiste. Un premier exercice — assez court — de visualisation va montrer l'influence des images mentales sur le corps.

Comme lors d'une rentrée des classes, on prescrira une liste d'accessoires : un cahier de dessin, une boîte de craies grasses, deux cassettes vierges de 60 minutes.

Si l'on a encore le temps, on peut expliquer sommairement le travail sur le dessin. Le patient devra en effectuer deux chaque jour avant la prochaine séance. Outre les sujets libres, certains thèmes sont imposés : autoportrait, dessin de son corps, de la famille au temps présent, de la même famille lorsque le patient était enfant. Selon l'urgence, le rendez-vous est pris trois jours plus tard ou la semaine suivante. Les séances suivantes varieront selon l'évolution de chaque personne. La durée variera de 20 à 60 minutes. Il est possible d'alterner d'une séance à l'autre :

— un temps d'anamnèse;

— un temps d'analyse des dessins;

— un temps d'enregistrement d'un exercice de relaxation sur mesure;

— un temps d'intégration et d'analyse du vécu de l'exercice de relaxation;

— un temps de renforcement des ancrages à l'état de veille.

## Le dessin

Nous verrons apparaître dans les dessins des éléments non résolus de la problématique, que nous appelons des *gestalts* réclamant clôture.

Il est rarement question d'interprétation de la part du thérapeute. La démarche consiste à laisser parler le patient. Que disent les éléments du dessin? Que dit le dessin tout entier? Quels sont les points de ressemblance entre le dessin et le sujet (couleur des vêtements, dissymétrie du visage...)?

Après accord du patient, le thérapeute peut commenter le dessin, faire part au client de ses réactions. Ce peut être un apport important pour le malade. Il est essentiel de bien distinguer les différents niveaux :

- l'analyse — énumération des éléments et des faits dessinés;
- l'émotion — les sensations que procure le dessin.

Il est important de rester à un niveau descriptif, sans entrer dans l'interprétation, en n'utilisant que les verbes voir, sentir, penser. La signification profonde va mûrir dans l'esprit du sujet. Il est encore trop tôt pour lui demander une analyse de son propre dessin.

Prenons l'exemple de Jean qui dessine sa tumeur et le traitement de chimiothérapie qu'il suit (schéma 11). Au premier regard, une impression de statisme apparaît. Voici le dialogue :

Thérapeute : « Quand j'observe ton dessin, je remarque cette forme à gauche qui ressemble à un haricot et huit petits trous, à droite. Je vois qu'ils ne sont pas en contact.

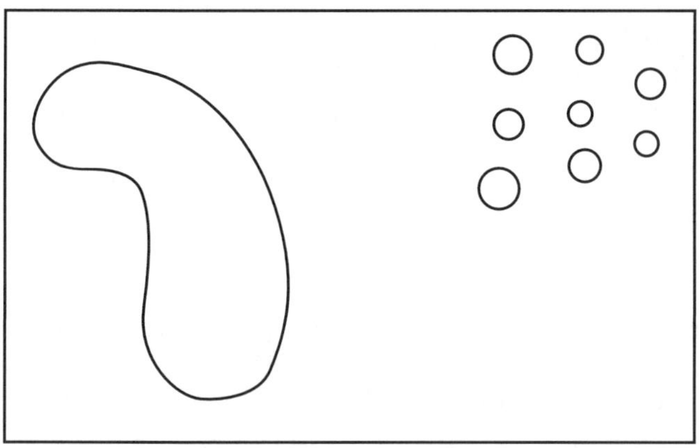

**Schéma 11** Dessin de Jean

Jean — Le haricot, c'est ma tumeur. Elle est dans son coin. Les médicaments à droite, ils vont attaquer.

Th. — Quand j'observe ton dessin, je ressens un sentiment de solitude. Comme de la tristesse. »

Jean est prêt à pleurer. Il parle de sa solitude :

« Même au travail, je n'arrive pas à communiquer avec mes collègues. J'ai peur qu'ils me jouent un sale tour. S'attaquer en douce, c'est une spécialité maison.

Th. — Je comprends ce que tu ressens. C'est pénible de se sentir seul. »

Jean pleure doucement, puis reprend son crayon comme s'il voulait dessiner à nouveau, mais reste immobile, statique, comme son dessin. Le thérapeute l'interrompt :

« Quand je vois les médicaments d'un côté et la tumeur de l'autre, je me dis que les médicaments ne peuvent pas agir s'ils restent dans leur coin. »

Jean, pris de colère, s'adresse aux médicaments :

« Mettez-vous au boulot, vous me coûtez assez cher et puis vous avez mauvais goût. »

Il rajoute des petits cercles autour de la tumeur et commence à y indiquer des fissures. Le thérapeute l'interroge :

« Qu'est-ce qui se passe maintenant?

— Ils ont attaqué et entamé la tumeur. S'ils continuent régulièrement, ils finiront par en venir à bout. »

Cette courte séance, peut-être caricaturale, illustre comment la problématique de Jean se retrouve dans son dessin et dans sa maladie. Elle démontre comment sa colère peut déclencher un processus de coopération entre le traitement et la maladie.

## L'EXERCICE

Vous n'êtes jamais obligé de faire un exercice. Si au cours de l'exercice, vous ne vous sentez pas bien, il est préférable que vous vous arrêtiez en vous offrant des suggestions de reprises et en répétant : « Je respire profondément et je compte de 3 à 1. Quand je prononcerai le chiffre 1, mon esprit sera clair, reposé, détendu, prêt à affronter les tâches qu'il me reste à accomplir aujourd'hui. »

Le consentement est indispensable pour participer à l'exercice.

## Quand faire les exercices?

Le plus souvent possible : vous pouvez parfaitement vous suggestionner plusieurs fois par jour.

Dans un embouteillage, vous fermez les yeux et vous vous retrouvez dans un paysage familier. Il est bon de vous répéter mentalement de rester calme, de ne pas investir d'énergie pour un événement que vous ne pouvez pas contrôler; de vous dire que vous profitez de ce moment pour en tirer quelque chose de créatif.

Ainsi, vous utilisez positivement un moment qui est donné, plutôt que de le vivre négativement en pensant que ce temps vous est volé. Les moments les plus profitables pour ce genre d'exercices sont le matin, avant le petit déjeuner et le soir, avant le dîner.

N'oubliez pas que chaque fois que vous entrez dans le sommeil ou que vous en sortez, vous traversez la zone de perméabilité et que vous pouvez vous donner des suggestions positives.

Tout exercice de relaxation amène une baisse du tonus musculaire, donc une baisse importante de la circulation sanguine et de la respiration qui vont provoquer une baisse de température. Prévoyez des vêtements chauds, une couverture. Cette baisse augmentera avec la durée de l'exercice.

Trente minutes de relaxation profonde produisent l'équivalent de cinq heures de sommeil. Si trop de relaxation dans la journée provoque des insomnies, n'en faites que le matin.

## Les inductions

Tout exercice passera par une phase d'induction, même brève, qui permettra au sujet d'accéder à la zone de perméabilité.

L'induction étant essentiellement fondée sur l'utilisation des perceptions, il est nécessaire — pour un travail de groupe

— de prévoir des inductions « couvrant » les différents canaux de communication (Visuel, Auditif, Kinesthésique, Olfactif).

Le thérapeute aura besoin d'une « check-list », d'une sorte de tableau de bord. Avant de commencer l'exercice, il vérifiera certains points :

— l'objectif ;
— la relation opérateur/sujet ;
— les protections ;
— le mode de changement identifié ;
— le canal de communication (visuel, auditif, kinesthésique, olfactif) ;
— la durée de l'exercice, la programmation et les suggestions à venir…

*L'objectif* Le sujet doit l'avoir clairement établi. Il doit savoir pourquoi il se lance dans un exercice et ce qu'il en attend concrètement. Il y a toujours une suggestion qui soustend le choix de l'exercice, ne serait-ce que celle de la détente momentanée.

*La relation* Le rapport relationnel entre le sujet et le thérapeute est fondamental et se retrouvera inévitablement dans le contenu des suggestions, comme dans leur résultat.

Le rapport qui s'établit entre le thérapeute et son sujet est une telle amplification des phénomènes de transfert qu'il est indispensable d'user d'une grande prudence. Nous retrouvons dans cette relation les incidences classiques du transfert et du contre-transfert, comme dans les relations hiérarchique, affective, amoureuse ou encore familiale qui peuvent associer un parent à un enfant ou un soignant à son patient. Un exercice entre deux individus d'une même famille, s'il est ponctuel et respecte la volonté du sujet, n'est pas dangereux. Mais s'il se répète régulièrement, on risque d'institutionnaliser la relation thérapeutique au détriment de la relation familiale. Dans tous les cas, il est préférable de pratiquer ces exercices avec une personne avec qui l'on entretient une relation contractuelle claire, sans interférences entre la vie émotionnelle, affective et la relation thérapeutique.

*Le lieu* Le lieu choisi pour l'exercice fait lui-même partie de l'induction. Il faut choisir une protection, éviter les sonneries du téléphone ou l'entrée intempestive d'une tierce personne et veiller sur le confort.

Le choix est parfois limité. Une autoroute bruyante, une aire en plein vent auprès d'un accidenté n'excluent pas que l'on puisse avoir recours aux techniques de suggestion. Il est toujours possible d'utiliser positivement les stimulations « dérangeantes » de l'environnement. Pourtant, la démarche ne sera nullement comparable à celle d'une relation thérapeutique dans un lieu protégé.

*La durée* Elle peut varier de quelques minutes à près d'une heure. Le choix de la durée se fera en fonction du développement du sujet et de la nécessité de l'imagerie. Il est plus rapide de se préparer à la réussite d'un examen en percevant une image de calme, de sérénité et en ressentant la joie du succès, que de se préparer physiquement à une épreuve sportive, telle une régate, car il faudra percevoir le vent et la mer, visualiser l'espace de l'embarcation et les diverses manœuvres. En moyenne, on compte toutefois vingt minutes pour un sujet peu entraîné.

*La profondeur de la perméabilité* Certains sujets peuvent plonger en quelques secondes dans des zones très profondes. Cela ne porte pas préjudice aux résultats obtenus. L'inverse, en revanche, peut poser problème. Avant de commencer l'exercice, il est important que le thérapeute ait envisagé les moyens qu'il utilisera pour approfondir l'état de perméabilité de son patient, afin qu'il soit suffisant pour que la suggestion s'installe.

*La protection spécifique* Les états modifiés de la conscience usant de processus de dissociation peuvent, en certaines circonstances, ne pas être appropriés. C'est particulièrement le cas pour certains états psychotiques, tels ceux des toxicomanes ou bien pour les structures de type schizoïde.

Il est donc souhaitable d'éviter l'utilisation de ces techniques qui risquent de favoriser le délire et d'amplifier la perte de contact avec la réalité. Un thérapeute maîtrisant ces techniques et certain de la justesse de son diagnostic peut toutefois aller rencontrer le sujet dans ses états pathologiques et induire le retour à une conscience saine avec des suggestions appropriées, structurantes, développant «l'enracinement» du sujet dans la réalité. Dans ce cas, l'induction sera courte et pourra se réduire à un signe sonore, comme le claquement des doigts, le contact physique du thérapeute ou bien celui d'un objet.

Certains états modifiés de la conscience — que nous avons appelés états perméables — peuvent se produire spontanément, sans qu'il soit nécessaire de passer par une induction. C'est le cas du passage de la veille au sommeil et, inversement, du sommeil à la veille. Il semblerait également que le fœtus *in utero* entre spontanément dans ces états modifiés de conscience, sans induction, et que cela se reproduise au moment de la naissance, comme de l'agonie.

On distingue deux sortes d'inductions. Les premières sont volontaires et mobilisent la volonté du thérapeute et du sujet; les autres sont moins désirées, telle «l'hypnose des autoroutes» où certains rythmes, sons et images peuvent induire spontanément l'état de transe, sans l'implication de la volonté du sujet. Un son, une musique, une odeur peuvent déclencher une régression et projeter une personne dans un temps passé où elle a déjà perçu les mêmes sensations. C'est la réminiscence. Il est essentiel que le thérapeute soit conscient des possibilités d'inductions involontaires qu'il peut déclencher lors de son investigation.

Toutes les inductions vont passer par les perceptions du système VAKO. Elles se situent dans le temps, en ce sens que nous vivons dans l'instant présent des perceptions déjà connues ailleurs et dans le passé. Ainsi, l'induction peut toucher le présent, être mémorisée et vécue dans le passé ou anticipée, se situant dans le futur.

L'association de ces différents éléments développe et augmente le phénomène de dissociation nécessaire à la mise entre parenthèses des fonctions rationnelles et du système critique conscient.

Certains sujets ne perçoivent pas les messages donnés dans l'induction. Ils ne «voient» ni les couleurs, ni le paysage, n'« entendent » ni les oiseaux, ni la mer, ni le bruit des pas, ne « ressentent » aucune caresse du vent et ne « respirent » aucun parfum, aucune odeur. Cela indique des canaux de communication insuffisamment développés et des zones de perception amputées. En tous les cas il est possible de penser que l'on rencontre des résistances. L'ouverture de ces portes d'accès verrouillées peut être considérée comme le but final de la cure.

## La suggestion

Pour qu'une suggestion soit efficace, il faut qu'elle soit brève, directe, *toujours formulée en positif* : le subconscient sait additionner, mais ne sait pas soustraire. Elle doit également être au présent ou au futur.

Il est important de savoir que s'il veut donner une suggestion qui s'adresse au cerveau droit (la partie de l'Être plus intuitive, émotive, analogique), le thérapeute doit se placer du côté gauche de la personne, puisque les hémisphères sont croisés. Ainsi, par le canal de l'oreille gauche, le message se logera directement dans l'hémisphère droit. Inversement, un discours adressé au domaine du logique, du méthodologique, doit être adressé au côté droit de la personne, de manière à atteindre l'hémisphère gauche.

Les suggestions peuvent être faites à différents modes :

— à la première personne pour développer chez le sujet l'affirmation du Moi : « Je suis de plus en plus calme, à tel point que je vis mon prochain examen avec sérénité » ;

— à la deuxième personne pour donner un ordre direct au sujet. La phrase sera vécue comme une reconnaissance ou une directive. En termes d'Analyse Transactionnelle, cela correspond à une transaction Parent-Enfant** ;

— à la troisième personne, le discours sera perçu par le sujet comme si son environnement fantasmé s'adressait à lui.

Il existe différents modes de suggestion. Prenons l'exemple d'une difficulté d'écriture ; la suggestion peut être :

*Directe* : « Tu es en train d'écrire, apprécie comme les idées s'ordonnent et comme ta main les dépose sur le papier. »

*Métaphorique* : « Une pluie de pensées coule sur le sol, s'organise en un minuscule ruisseau qui écrit l'histoire de l'eau sur la terre. Cette histoire est la tienne, elle t'appartient. Tu peux la lire et la pluie avec toi continue à l'écrire. »
*Indirecte* : « Tu sais, certaines personnes écrivent avec facilité, d'autres choisissent de s'exprimer autrement. Ce qui est bien, c'est que tu choisis maintenant comment tu t'exprimes. »
*Ouverte* : « Peut-être que tu peux maintenant choisir ta forme d'expression, l'écriture peut-être? Vois ce qui te convient. »
*Fermée* : « Chaque fois que tu tiens un stylo, un crayon, tu écris. »
*Spécifique* : « J'écris, tu écris, elle écrit. »
Générale : « Tu prends conscience que l'écriture est une forme d'expression. »
*Paradoxale* : « Il se peut que tu n'aies pas envie d'écrire et que tu écrives quand même, surtout si tu as un texte à rendre à ton professeur et que tu ne veux pas lui faire plaisir. »
*Bloquante* : « L'écriture est ton seul moyen d'expression. »

La suggestion d'**ancrage** que nous retrouvons dans les techniques de Programmation Neuro-Linguistique associe une sensation à une activité suggérée : « Chaque fois que vous sentez le contact de votre stylo entre vos doigts, votre pensée s'organise et vous commencez à écrire. »

Il est indispensable de maîtriser le cadre de références du sujet pour faire le choix de la suggestion. Il est évident que si vous donnez une suggestion très directive à un rebelle, vous allez accrocher sa principale défense. Si vous donnez une suggestion ouverte ou générale à quelqu'un dont la problématique réside dans la dépendance, vous n'obtiendrez aucun résultat.

Le symbolisme de la suggestion, son rythme, sa directivité, sa spécificité ou son éparpillement vont dépendre de la compétence du thérapeute. Il révèle une cosmologie inconsciente qui renseigne davantage sur la mentalité de l'opérateur que sur celle du sujet. C'est pourquoi le thérapeute doit nécessairement avoir vécu un processus complet de thérapie pour maîtriser toutes les suggestions transmises au sujet. Une psychothérapie n'étant jamais totalement terminée, l'opérateur peut ne pas avoir réglé la totalité de ses problèmes. L'important est qu'il en soit conscient, qu'il connaisse les zones obscures qui ne sont pas encore traitées et s'interdise de travailler dans ces domaines avec ses patients.

L'efficacité de la suggestion dépendra de la faculté de l'opérateur à entrer dans le cadre de références du sujet, de tout ce qui a pu organiser la personnalité et sa structure psychologique. La différence entre l'amateur et le professionnel ne se situera pas au niveau des connaissances de ce qu'il faut faire, mais de ce qu'il ne faut surtout pas faire. A travers la lecture corporelle, le thérapeute doit avoir une idée précise de la problématique centrale du sujet et appréhender les éléments autour desquels s'est organisée la croissance. Mais surtout, il doit repérer les zones d'ombre et les erreurs à ne pas commettre pour ne pas réactiver la problématique[5].

En règle générale, il est important de placer la suggestion là où l'on perçoit un manque. Il faut utiliser les ressources naturelles du patient découvertes lors du diagnostic. Il faut porter une attention particulière aux suggestions sensorielles, qu'il est indispensable de désactiver avant de faire sortir la personne de l'exercice. La suggestion : « A partir de maintenant, tous les sons extérieurs deviennent lointains, vous entendez ma voix et ma voix seule » peut présenter un risque considérable pour le sujet. Sur la voie publique, il peut, en effet, ne pas entendre le klaxon d'une voiture.

## NOTES BIBLIOGRAPHIQUES

1. *L'arbre de vie* n° 1, Paris, septembre 1987.

2. Élisabeth Kubler-Ross, dans *Les derniers instants de la vie* (éd. Labor et Fides, Genève, 1975), démontre que ces étapes sont nécessaires au processus de deuil. Voir aussi F. Paul-Cavallier, *Mourir vivant au risque de l'amour*, éd. Médiaspaul, Paris 1990.

3. M. H. Erickson, *Experiencing Hypnosis*, E. Rossi, Irvington, N. Y., 1967 et F. Paul-Cavallier, *L'hypnose éricksonienne*, éd. Morisset, Paris, 1995.

4. Genie Laborde, *Influencer avec intégrité*, InterÉditions, Paris, 1987.

5. Vincent Lenhardt et Jean-Michel Fourcade *in Analyse Transactionnelle et Bioénergie*, éd. Delarge, Paris, 1980. Voir aussi Ron Kurtz, Hakomi Therapy, Hakomi Institute, Boulder, États-Unis, 1983; Ron Kurtz et Hector Prestera, *Ce que le corps révèle*, Le Hameau, Paris, 1985.

# En résumé

L'état de perméabilité, que les sophrologues et praticiens de l'hypnose clinique appellent état altéré ou modifié de la conscience, consiste en la mise à l'écart partielle du libre arbitre au profit d'un pilote extérieur.

Cela correspond à abandonner le navire que vous êtes, avec son histoire, sa cargaison et son plan de route. Il est important de bien choisir le capitaine. La disparition de la barrière filtrante du libre arbitre, analyste de la réalité, va permettre de circuler librement dans le temps, d'accéder à la banque de données qu'est l'inconscient, de programmer des activités en fonction des ressources qui y sont emmagasinées, voire de créer de nouveaux programmes générateurs d'autres programmes. Comme si nous fabriquions des ordinateurs qui fabriqueraient d'autres ordinateurs. L'utilisation de ces techniques ne se fait pas sans précaution.

On observe parfois des effets secondaires négatifs qui peuvent être parapsychiques lorsqu'ils entraînent des hallucinations ou fantasmes, notamment chez les sujets psychotiques. On a également pu constater des cas de « contamination » entre le patient et l'opérateur par une multiplication ou une amplification du transfert[1] ou d'autres phénomènes d'épi-scénario* causés par les aspects non traités de la problématique du thérapeute et transmis au sujet.

D'autres effets négatifs peuvent être constatés, comme :

— le développement de croyances magiques : le sujet peut penser qu'il suffit de faire une séance de visualisation pour que le monde change ;

— le phénomène de prise de contrôle et d'aliénation qui fabrique des personnes sous influence, notamment dans le monde des sectes ;

— la déresponsabilisation : le sujet subit sa vie et considère qu'il n'en est pas directement responsable.

A l'inverse, on constate que des états altérés de la conscience peuvent entraîner des conséquences extrêmement positives :

— la personne sera plus ancrée dans la réalité et aura une conscience aiguë de ses fonctions parapsychiques. Elle choisira, ou non, de les exploiter. Elle aura conscience du poids de ses pensées sur sa perception du réel. Elle choisira, dès lors, les influences qu'elle veut subir.

L'utilisation de ces états altérés de la conscience peut permettre d'obtenir des résultats remarquables, notamment dans la modification des perceptions sensorielles dans le cas des anesthésies, dans la distorsion du temps lors d'opérations chirurgicales, dans le traitement de problèmes sexuels (frigidité ou éjaculation précoce par exemple), dans le traitement des phobies (à la suite d'un accident ou d'un viol), dans le conditionnement du succès ou la modification de fonctions organiques (hypertension artérielle ou stimulation du système immunitaire)...

## NOTE BIBLIOGRAPHIQUE

1. Dr G. R. Rager, *Hypnose, sophrologie et médecine*, Fayard, Paris, 1973, p. 33, le travail de Breuer avec Bretta Pappenheim.

---

* Épi-scénario : partie d'un scénario qu'un individu transmet inconsciemment à un autre qui le prend à son compte.

4

# La mémoire

La mémoire représente à la fois la persistance du passé dans le présent et la survie du présent dans l'avenir. La relaxation créatrice, la visualisation-symbolisation ont apporté une contribution majeure à la mise en pratique d'une méthode simple pour libérer la mémoire.

La réception de l'information se fait principalement par nos sens. Nous pouvons facilement nous souvenir de ce que nous avons vu, entendu, perçu d'une manière tactile, mais aussi senti d'une manière olfactive ou goûté. Il est parfois plus délicat de nous souvenir de ce que nous pensons à cause du manque de sensorialisation; pour cela nous allons vous proposer, dans la méthode de mémorisation sensorielle, d'associer la pensée et la sensorialisation.

Nous avons une capacité de mémorisation considérable Malheureusement soit nous ne savons pas l'utiliser d'une manière appropriée, soit elle a été endommagée par une scolarité douloureuse où nous avons associé des mauvais souvenirs à tout exercice de mémorisation. Les mauvais souvenirs sont restés bien ancrés et font écran à l'utilisation de ce merveilleux outil. Pas une minute de notre vie n'est oubliée. Souvent la mémoire fonctionne bien mais l'information qui doit y être stockée est imprécise ou incomplète. Nous vous invitons à découvrir les atmosphères les plus propices pour mémoriser.

Nous vous proposons une visite guidée de la **méthode** qui est mise en pratique dans toutes les professions et les activités qui reposent sur la mémoire. Puis nous vous donnerons des **moyens** pour organiser et structurer votre mémoire. Ensuite viendront des **outils** précis pour activer différentes modalités de la mémoire et enfin des **processus** à mettre en œuvre pour affiner et développer l'excellence de la mémoire. Nous avons cherché à rendre la pratique de la mémoire la plus agréable possible. En effet, le plaisir est un moteur puissant dans la vie. L'utilisation des cassettes sonores apporte une démultiplication extraordinaire, elle donne à ceux qui n'ont pas envie de lire l'occasion de développer leur mémoire. Cette méthode, mise en œuvre dans de nombreux établissements scolaires, dans des entreprises et dans des institutions est accessible à un très large public. Nous avons choisi de nous adresser aux étudiants dans les exemples retenus pour illustrer les divers aspects de la méthode. Nous pensons en effet qu'il est plus aisé au milieu de l'entreprise de s'adapter à un univers qu'il a connu qu'aux élèves à un monde qu'ils n'ont pas encore expérimenté.

## 1. LA MÉTHODE

Depuis toujours nous avons cherché à connaître ce qui nous permettait de nous souvenir d'un événement ou d'une information qui pourrait avoir de l'importance dans le futur. Dans les temps anciens, les recherches s'orientaient vers les situations propices à la mémorisation. On avait compris que l'essentiel réside dans la personne qui veut mémoriser. Puis l'esprit cartésien est venu faire perdre la piste en tentant de trouver des explications mécanistes à la mémoire. La science s'est penchée sur le cerveau et son fonctionnement ; elle tente de mesurer les influx nerveux, de doser les substances chimiques qui circulent dans le corps. Tout cela est fort intéressant mais apporte peu de solutions à ceux qui veulent muscler leur mémoire.

Il n'est pas nécessaire de savoir précisément comment fonctionne un moteur de voiture pour utiliser d'une manière confortable et sûre une automobile. La méthode sensorielle s'est développée à partir de l'observation pratique sur les individus en situations réelles. Pendant longtemps nous avons cru que l'on naissait avec de la mémoire ou sans mémoire. Mais alors, comment expliquer qu'un enfant ne se souvienne pas de ses tables de multiplication mais arrive parfaitement à se souvenir, après une seule tentative, de la manipulation d'appareils aussi complexes qu'un ordinateur ? On a fait beaucoup de recherches sur la manière dont nous élaborons le futur. L'observation a montré que nous puisons constamment dans une réserve de souvenirs sensoriels pour élaborer les « images » qui construisent l'avenir. Notre futur est donc pour une grande part constitué à partir du passé. La mémorisation passe donc d'abord par une bonne accumulation d'expériences qui serviront de « passé ».

On a aussi observé que lorsqu'une personne réussit une tâche, elle a tendance à persévérer alors que si elle échoue, le plus souvent elle abandonne. Tout cela nous montre qu'un des facteurs centraux de la mémoire est en relation avec le plaisir* que l'on prend à pouvoir se remémorer. Nous pouvons différencier la fonction qui consiste à pouvoir faire revenir dans le présent des éléments du passé, des instants mémorisés eux-mêmes. Avoir la capacité de se souvenir est gratifiant même si ce dont nous nous souvenons est pénible ou ennuyeux. Il y a des avantages à se souvenir à quelle date payer ses impôts, même si cela ne fait plaisir à personne.

---

* *Jouons, la pédagogie des jeux de coopération*, J.-F. Paul-Cavallier, éd. Jouvence, Genève 1993.

# Les cinq portes d'entrée

Tout ce qui est conçu par l'esprit humain passe par nos sens. Il n'est pas possible de créer ou d'inventer quoi que ce soit sans que l'élaboration passe par l'un ou plusieurs de nos sens. Quand nous annonçons les cinq sens : la vue, l'ouïe, le toucher, le goût et l'odorat, nous faisons une limitation car bien d'autres sens existent, construits à partir des cinq premiers ou indépendamment : le sens de l'équilibre, du temps qui passe, le sens de l'orientation, le sens des valeurs, du pouvoir, etc.

C'est à partir de ce que nous vivons à travers nos sens que nous construisons les «images» mentales qui nous serviront pour mémoriser. Nous mettons le mot image entre guillemets puisqu'il définit une vision alors que le souvenir peut être d'un tout autre sens que celui de la vue. Imaginez la sensation agréable d'être au chaud dans votre lit le matin, sentez la douceur des draps sur votre peau; cela n'a rien de visuel, c'est plutôt tactile comme sensation. Si nous enchaînons avec la sensation du bol de petit déjeuner qui est chaud entre vos mains avec l'odeur du pain grillé et le goût du miel sur la tartine, nous sommes passés d'une sensation tactile à une sensation olfactive puis gustative. Nous ne sommes toujours pas dans du visuel mais nous appelons toujours cela des «images».

Le mot le plus juste serait «évocations sensorielles». Nous allons découvrir que nous n'avons pas **une** mémoire mais **des** mémoires. En fait nous avons autant de mémoires que de sens; les cinq sens sont bien sûr les plus dominants mais tous les sens annexes ont leur place. La pratique de certaines activités thérapeutiques corporelles comme le massage, le rolfing, le rebirth démontrent clairement que la mémoire n'est pas localisée dans le cerveau exclusivement. C'est le corps tout entier qui se souvient; pour être plus précis nous pouvons affirmer que la mémoire est un phénomène cellulaire. De même que nos cellules sont porteuses, avec l'ADN, de la mémoire familiale et de la mémoire de l'espèce tout entière, elles vont mémoriser notre contribution à l'espèce humaine pour la transmettre aux générations futures.

Chaque individu aura une porte d'entrée sensorielle privilégiée à laquelle il fera confiance. A partir de là s'organiseront des séquences sensorielles comme un chaînage associatif qui permettra de cerner « l'image » dont on a à se souvenir.

## Les autoroutes de notre cheminement mental

Pour commencer à exploiter au maximum votre mémoire nous vous invitons à découvrir l'accès puis le cheminement que vous utilisez pour rencontrer la réalité. Tout au long de cette méthode nous vous inviterons à identifier séparément les ingrédients qui composent le processus de mémorisation et d'évocation. Chaque personne a une carte d'identité sensorielle différente. Il n'est donc pas question de prétendre qu'une séquence est meilleure qu'une autre mais d'être en mesure de reconnaître les éléments dont nous allons avoir besoin pour nous souvenir. Nous pourrions parler de « polyglottisme mnésique » mais nous n'aimons pas les « gros mots »; disons simplement que si vous voyagez dans un pays dont vous ne parlez pas la langue vous aurez besoin d'une traduction pour envisager ce qui vous est demandé, de même que votre interlocuteur aura besoin d'une traduction pour comprendre votre réponse. En termes de mémoire, si vous avez une porte d'entrée dominante, disons visuelle, et que l'on vous alimente principalement en informations auditives, il sera indispensable de vous donner le temps de traduire les « images » auditives en « images » visuelles pour les mémoriser.

Des études approfondies ont montré que 33 % des enfants fonctionnaient sur un mode à dominante visuelle, 24 % à dominante auditive et 14 % kinesthésique (tactile). Mais une personne ne fonctionne jamais exclusivement avec une seule dominante sensorielle; sa lecture du monde se fait avec un panachage de plusieurs sens qui s'organisent comme une suite de séquences. On estime ainsi que 29 % des individus fonctionnent avec une suite de séquences : Visuelles → Auditives → Kinesthésiques. Mais selon l'histoire de chacun, l'implication dans chacune de ces modalités variera en intensité en fonction de ses expériences personnelles. La mémoire que l'on a des événements du passé conditionne la mémoire que l'on aura des expériences futures. Ainsi les souvenirs traumatisants ou douloureux que l'on peut garder de l'école peuvent faire obstacle à notre mémoire d'aujourd'hui. Beaucoup d'entre nous ont appris à ne pas avoir de mémoire à l'école alors que nous avons tous une excellente mémoire.

Pour identifier vos autoroutes sensorielles, observez-vous dans le petit exercice qui va suivre.

Préparez-vous à observer ce qui se passe à l'intérieur de vous-même, bien installé dans un endroit calme, éventuellement les yeux fermés :

Laissez revenir ce qui s'est passé hier soir. Quand vous ouvrez les yeux, notez les séquences que vous avez identifiées en termes de dominantes sensorielles. Avez-vous d'abord perçu des images? des sons? des sensations corporelles? ou des goûts, des odeurs? Répétez cet exercice avec d'autres questions; très vite vous observerez que votre chaînage de séquences se répète d'une manière identique. N'essayez pas de le changer, il est votre signature sensorielle au même titre que vos empreintes digitales. Si plus loin on vous invite à développer une faculté sensorielle faible ce sera simplement qu'elle est plus facilement en rapport avec le thème dont vous avez à vous souvenir. Pour se rappeler un théorème de géométrie il est plus aisé de l'associer à du visuel qu'à du gustatif ou de l'olfactif.

Observez maintenant les séquences mentales qui se déroulent avec les thèmes suivants. Ne vous laissez pas distraire par le contenu de l'événement et restez environ trois minutes par thème :

- le dernier dîner chez des parents;
- une visite chez le médecin;
- un livre qui vous a plu;
- un moment d'intimité avec une personne aimée;
- un événement d'actualité;
- les animaux de la ferme.

Maintenant vous devez pouvoir identifier clairement quelles sont les dominantes sensorielles avec lesquelles vous fonctionnez. Préparez-vous à un nouveau test pour vérifier tout cela avec les séquences précédentes. Imaginez que :

- avant d'ouvrir le dernier livre que vous lisez actuellement vous récapitulez l'histoire dans votre tête;
- que s'est-il passé aux dernières nouvelles?
- dans quelques minutes vous serez à votre rendez-vous médical;
- ce soir vous retrouvez une personne chère à votre cœur;
- demain vous allez dîner chez vos parents;
- vous devez raconter à un enfant la vie à la ferme.

Comment se passent les séquences? Observez les similitudes entre l'évocation du passé et l'anticipation du futur. Imaginez maintenant que vous écrivez très lentement une lettre à un ami pour lui raconter ce que vous êtes en train de découvrir sur vous-même. Suivez les séquences mentales qui se succèdent dans votre esprit et décrivez-les alors que vous êtes en train de les vivre. Voici un exemple : « Alors que je t'écris je vois l'encre de mon écriture qui recouvre le papier, je suis tout à fait dans l'image visuelle de me voir écrire, pourtant les oiseaux chantent dehors et la musique de piano que j'écoute depuis une heure; vient parfois au premier plan. Je sens des tensions dans mon dos et dans ma nuque qui m'obligent à changer de position. C'est étrange et amusant de constater que je passe du visuel à l'auditif alors que j'ai vécu des années sans prêter attention à ce genre de fonctionnement mental. Je suis impatient de voir ce que je vais faire de cette découverte pour améliorer ma conscience de vivre et ma mémoire… »

## Modèle temporaire

Faites confiance à vos observations, vous êtes la personne la plus compétente pour identifier votre fonctionnement interne. Définissez le cheminement mental qui vous paraît le plus juste en tenant compte des observations des derniers exercices. Limitez -vous à quatre séquences.

Quelle est la dominante sensorielle?

Puis ensuite vient...

Puis ensuite vient...

Puis ensuite vient...

Utilisez ce gabarit de pensée sur un sujet que vous ne connaissez pas et que vous choisissez dans un journal, par exemple, ou encore sur le texte suivant, volontairement obscur. Soyez attentif à mettre en pratique les séquences telles que vous les avez élaborées dans votre modèle. Après une nuit de sommeil interrogez-vous sur le sujet puis vérifiez la justesse de ce que vous avez mémorisé.

*[La moxibustion sert à réchauffer et nettoyer les méridiens d'acuponcture. Elle active la circulation sanguine, rétablit l'énergie vitale, évacue l'humidité et chasse le froid. Elle est utile dans le traitement de périarthrite scapulo-humérale, de cervicarthrose, de névralgie rhumatoïde, de lombalgie et de skélalgie chronique.]*

## Cadre et atmosphère idéaux

Si nous voulons accéder à notre mémoire nous aurons besoin d'atteindre un état de « perméabilité ». L'imprégnation du souvenir est plus grande si l'esprit est calme et disponible. Souvent la mémoire fonctionne bien mais l'information qui y accède est imprécise ou incomplète parce que nous ne sommes pas suffisamment présent pour la recevoir. Nous allons renforcer notre capacité de concentration. Certaines musiques, certains cadres ont la particularité de nous détendre et de nous rendre plus présent à nous-même. Malheureusement nous ne pouvons pas toujours vivre dans ces lieux bénis mais nous pouvons apprendre à les évoquer pour les transporter avec nous partout où nous allons. Nous verrons dans le paragraphe sur les outils comment stocker des atmosphères propices à la mémorisation. L'important à ce stade est que vous distinguiez maintenant quels sont les lieux, les atmosphères, les musiques qui favorisent et amplifient la mémorisation.

Nous savons que les neurones cérébraux fonctionnent à certains rythmes, selon lesquels la conscience est plus ou moins disponible. Plus le rythme est élevé (Bêta) moins la capacité de penser ou de mémoriser est possible. Par contre quand les neurones sont synchronisés, c'est-à-dire lorsqu'ils émettent en même temps (Alpha), la capacité de mémorisation est maximum. Nous avons donc tout intérêt à apprendre comment atteindre cet état Alpha. Le bruit et les distractions, si l'on ne sait pas s'y soustraire, sont un handicap, de même que les musiques syncopées et violentes. Ils interrompent le cheminement de pensée. Il se produit alors un phénomène identique à celui qui endort un conducteur sur une route bordée d'arbres avec un soleil couchant latéral : le cerveau se met au rythme des ombres des arbres et quand celui-ci correspond au sommeil, la personne, comme hypnotisée, s'endort. Avec des musiques trop rythmées et rapides, le cerveau se synchronise dans un cycle trop élevé qui ne permet pas une perméabilité suffisante pour une mémorisation durable.

Les musiques instrumentales structurées et calmes comme celles de Bach, Mozart, Vivaldi, Chopin, le chant grégorien, certains morceaux de jazz et des musiques spécialement étudiées pour cet effet seront vos meilleurs alliés.

**Exercice :** Étendez-vous confortablement ou asseyez-vous dans un endroit confortable et calme avec une musique que vous aimez. Centrez-vous sur le bien-être que vous ressentez. Prenez le temps de vous imprégner de toutes les sensations agréables que vous pouvez ressentir dans votre corps. Prenez conscience que vous pouvez mémoriser ce plaisir en même temps que vous le goûtez. Gardez ce souvenir sans chercher pour le moment autre chose que de pouvoir évoquer la sensation bienfaisante de calme dans une atmosphère sécurisante. Pendant les jours qui suivent, évoquez plusieurs fois par jour ce moment ressource que vous avez stocké en réserve.

## Confiance et prédiction

L'attitude mentale a une très grande importance sur la mémoire. Il est capital de développer la certitude tout à fait fondée que nous avons tous une bonne mémoire. Le doute ronge et sape le plaisir. Le pire ennemi de la mémoire est de dire : «Je n'ai pas de mémoire» ou «Je ne vais pas m'en souvenir.» C'est tellement vrai que des personnes un peu simplistes pensent qu'il suffit de dire l'inverse pour améliorer la mémoire. Emile Coué a proposé une formule qui ne résout pas tout, mais qui est une prédiction positive ouvrant la porte à une mémoire croissante : «Ma mémoire s'améliore de jour en jour à tel point que je me souviens de ce qu'il convient au moment opportun.» Chaque fois que vous recherchez une information, dites cette phrase et vous contribuerez à la croissance de votre mémoire. Nous conseillons toujours à celui qui veut muscler sa mémoire de commencer par se fixer de petits objectifs faciles à atteindre et dont les enjeux ne sont pas importants. Le fait de réussir est plus important que ce que l'on réussit. La gratification apportée par le succès, si petit soit-il, donne la force de la confiance qui multiplie vos potentiels. Rappelez-vous cette phrase de Saint-Exupéry : «Ils ont réussi parce qu'ils ne savaient pas que c'était impossible.»

# 2. LA STRUCTURE

La micro-informatique fait maintenant partie d'un grand nombre de foyers modernes et la plupart des entreprises sont équipées d'un ordinateur. Nous avons emprunté à l'informatique la terminologie et la structure d'organisation d'un ordinateur pour vous donner les moyens d'organiser votre propre mémoire. Bien sûr nous ne sommes pas des machines mais nous savons que la vie, aussi bien physiologique que psychologique, s'organise pour sortir du chaos. Le plus frappant est de constater que chaque personne, unique en soi, se structure autour d'une cohérence. Un peu comme un tricot où il y a un premier rang de mailles sur lesquelles vont se construire les rangs suivants et le tricot tout entier. Si la structure de départ est mal conçue, la tricoteuse doit tenter tout au long de son travail de corriger l'erreur. Souvent, une fois ce dernier achevé, elle constatera à regret que cela reste un peu bancal. Il est souvent préférable de défaire et de recommencer. Nous ne pouvons faire cela avec notre vie, ni avec notre mémoire. Par contre nous pouvons apprendre à nous organiser d'une manière interne dès maintenant, et nous verrons progressivement nos acquisitions du passé venir se placer sur cette nouvelle grille d'organisation méthodique.

La mémorisation se fait, comme nous l'avons dit, par la disponibilité mentale qui permet à nos sens de recevoir et de stocker l'information. La mémorisation n'a pas de sens si nous ne sommes pas capable d'accéder à nouveau aux informations recueillies. La mémoire doit fonctionner comme une bibliothèque de prêt qui fournit le volume approprié quand il est demandé et le replace à la juste place, agrémenté de mises à jour, quand il est rendu. Il peut ainsi être proposé pour une consultation suivante. Une bonne mémoire sait collecter les informations puis les restituer à la demande avec précision. Rappelez-vous la blague : comment manger un éléphant? la réponse est évidemment : bouchée par bouchée. L'ampleur de la tâche ne doit pas nous effrayer, le moyen infaillible consiste à fractionner un gros morceau en une multitude de petits pour que chacun soit d'une taille confortable. C'est comme cela que l'on a construit les pyramides, creusé des canaux à la pelle ou avec des paniers ou encore gagné des guerres avec des vélos alors que l'adversaire possédait des avions. Regardez les fourmis! Elles s'organisent, imitez-les!

Pour cela organisons notre mémoire en :

• **dossiers**. Ce sont des thèmes généraux à l'intérieur desquels la structure va se diviser en sous-structures. Pour un écolier ce serait Géographie, Histoire, Maths, Français, Anglais, etc. Dans un dossier nous allons retrouver une hiérarchisation avec des sous-dossiers. Si nous prenons la Géographie pour exemple il y a des **sous-dossiers** par continent : Europe, Amérique, Asie, Afrique, Australie... Dans Europe nous trouvons Angleterre, Allemagne, Italie, Espagne, France... Dans ce dernier nous trouvons les régions, les bassins, les départements, les chemins de fer, les fleuves, etc.

Là se trouve le document «La Loire» avec tous les détails concernant le grand fleuve.

Maintenant reprenons ce cheminement mental à partir de l'éléphant qu'est la Géographie. Sa généralité ne permet pas d'y mettre tout d'un coup. Il est nécessaire de le diviser en séquences qui vont être chaînées entre elles par des associations d'idées qui viennent d'une multitude d'expériences sensorielles. Autour du mot Loire peuvent s'associer des images du fleuve vues à la télévision ou au cinéma, les châteaux, des scènes historiques qui renvoient à un autre dossier, «Histoire», des sensations climatiques, des goûts comme celui du vin de Loire etc. L'image que l'on donne du chaînage est souvent linéaire, un peu comme une chaîne de saucisses. Très vite vous pourrez l'imaginer à l'horizontale comme un filet avec des croisements à chaque nœud mais sa vraie structure est tridimensionnelle et elle comprend une mise à jour incessante.

Dans le processus d'évocation qui fait revenir une information, le chaînage et l'association des informations entre elles jouent un rôle aussi important que les perceptions au moment du stockage. Pour parler de la Loire vous avez d'abord besoin de situer ce fleuve depuis sa source jusqu'à son embouchure dans le cadre du pays qu'il irrigue. Vous pouvez alors retrouver les villes qu'il traverse. Là, des informations plus précises avec des images font revenir d'autres éléments du contexte. La grande tristesse de la scolarité est que le plus souvent l'éducation oublie sa mission. Il ne s'agit pas de savoir où la Loire prend sa source et où elle se jette dans la mer; des millions d'individus ne le savent pas et vivent quand même! Se souvenir est plus important que ce dont on se souvient. C'est une méthodologie mentale qui favorisera l'apprentissage, ce que nous aimerions appeler l'éducation à la vie. Nous devrions concentrer notre énergie sur la méthode qui nous permet d'apprendre et de garder les informations dont nous aurons besoin pour avancer dans la vie.

Revenons à nos **dossiers** qui contiennent des **sous-dossiers** qui eux-mêmes contiennent des **documents**. Nous avons à les classer dans des **casiers**. Pour la «Loire» située dans « Fleuves », dans « France » dans « Géographie » nous pouvons la classer dans un casier qui porte le nom « École » car plus tard nous n'en aurons pas besoin quotidiennement. Ce casier « École » sera rangé sur un **rayonnage** que nous avons étiqueté « Enfance ». Il fait partie d'une grande **bibliothèque** dont nous sommes propriétaire et au fronton de laquelle s'inscrit « Culture générale ». Pour vérifier ce cheminement, interrogez un adulte (pas un géographe) et demandez-lui : « Où la Loire prend-elle sa source? » Il est probable que la réponse correspondra à l'organisation de sa mémoire. Si vous avez la chance qu'il pense à haute voix vous entendrez à peu près ceci : Voyons voir...(ouverture de la **bibliothèque**) j'ai appris cela dans mon enfance (**rayonnage**), à l'école (**casier**). A chaque étape la personne réactive et évoque brièvement un souvenir sensoriel interne qui sert de point de repère. Pour ouvrir le **dossier** « Géographie » elle verra peut-être la tête du professeur, la salle de classe, les copains. La pensée se focalise de plus en plus; elle accède au **sous-dossier** marqué « France » puis « Fleuves » et enfin au **document** « Loire » : 1012 km - Mont Gerbier de Jonc 1375 m alt.

Si nous pouvions maintenant suivre cet itinéraire mental nous pourrions comprendre pourquoi le parcours peut aussi s'interrompre à n'importe quel moment, soit par manque de chaînage et manque d'association au contexte, soit par un parasitage déplaisant qui capte l'énergie et crée une rupture dans l'itinéraire mental. Imaginons que la relation à l'instituteur ait été douloureuse pour l'élève et que celui-ci pour se protéger se soit « enfermé » ou que l'évocation des punitions et des humiliations soit encore sensible. C'est un véritable écran qui se forme pour opacifier les souvenirs. Le document est bien archivé au bon endroit, bon dossier, sous-dossier, il contient toutes les informations requises mais au niveau casier ça coince! Il faudra faire un véritable travail de guérison de la mémoire pour retrouver les trésors enfouis à l'intérieur de chacun de nous. Ce n'est pas l'objet de ce livre qui se limite à situer la méthode de mémorisation sensitive dans le cadre de la visualisation; nous voulons simplement rassurer ceux qui se trouvent dans une telle situation : on traite cela très bien, l'antidote consiste à remplacer dans la mémoire les souvenirs vécus négativement par des souvenirs qui contiennent du positif. **Nous ne pouvons pas changer les faits qui constituent l'histoire, mais nous pouvons à tout moment changer le regard que nous portons sur eux.**

# 3. LES OUTILS

Toujours en gardant le langage de la micro-informatique nous vous proposons d'imaginer que vous avez à votre disposition une palette d'outils disponible à tout moment pour intervenir sur ce que vous voulez stocker dans votre mémoire. L'objectif est de rendre l'information stockable à sa juste place pour savoir où la chercher au moment opportun; il s'agit donc d'une sorte de codification qui prend en compte les paramètres sensoriels individuels. Puis le chaînage de l'itinéraire mental lui permettra de s'appuyer sur d'autres informations déjà mémorisées en établissant des liens avec elles, ce qui renforcera l'édifice tout en situant les nouvelles données dans un contexte de référence. Enfin, il faut baigner l'ensemble dans une atmosphère qui prenne en compte la gratification et le plaisir, pour pouvoir évoquer l'information avec un maximum de tonus.

## La palette d'outils

### L'ACCÈS A L'ÉTAT DE CALME INTÉRIEUR

On ne peut enregistrer dans sa mémoire que ce que l'on a au préalable correctement perçu; pour cela il est indispensable d'être disponible et ouvert à ce que l'on cherche à mémoriser. Notre attitude psychologique et mentale participera ou fera écran à notre mémoire. Un sujet nerveux, tendu, fatigué ou préoccupé, inquiet ou simplement sceptique quant aux qualités de sa mémoire percevra mal le message. Pour cela nous vous donnerons un «signe-signal» comme moyen d'accéder rapidement au calme chaque fois que vous voudrez mémoriser. Le «signe-signal» que l'on vous confie a fait ses preuves, beaucoup d'orateurs et de politiciens l'utilisent. Vous aurez à l'entretenir pour maintenir et amplifier son efficacité.

## L'ANCRAGE DU SIGNE-SIGNAL

C'est un outil issu de l'hypnose qui a été repris et popularisé par la Programmation Neuro-Linguistique (PNL). Vous trouverez dans la bibliographie un ouvrage de PNL. L'ancrage consiste à associer un ensemble de ressources avec un état d'esprit positif et à les « fixer » par une sensation corporelle, généralement un geste. C'est ce que nous vous proposons avec le « signe-signal ». En joignant le pouce avec l'index et le majeur de la main non directrice (la gauche pour les droitiers et inversement), chaque fois que vous vous sentez intérieurement parfaitement concentré et détendu, dites : « Je suis détendu, je sens mon corps, je m'en souviens. » En faisant ce geste vous ancrez l'état de perméabilité nécessaire à une bonne mémorisation. Chaque fois que vous effectuerez ce geste, un changement imperceptible aura lieu qui augmentera vos capacités. Si vous êtes observateur vous remarquerez que certains champions sportifs font leur « signe-signal » avant de se lancer dans leur action. Pour imprimer votre signe-signal il suffit d'entrer dans une profonde relaxation puis de prendre un temps pour associer l'état de perméabilité à un geste. Il peut y avoir plusieurs « signes signaux » différents attachés à des actions différentes. Il est nécessaire de recharger le signe-signal fréquemment pour qu'il représente une véritable ressource.

## L'ÉCRAN MENTAL

Nous avons tous un lieu où nous élaborons les « images sensorielles » dont nous vous parlions au début de cette méthode. C'est là que vous évoquez le passé et préparez le futur. Il est capital que vous preniez le temps d'explorer comment fonctionne votre « écran mental ». Plus tard nous allons vous fournir les « boutons » qui influent sur tous les accessoires qui y sont disponibles. Quand vous voyez une scène qui comporte votre participation, vous situez-vous sur la scène comme vous verriez un acteur, ou faites-vous partie de l'événement au point que vous voyez les autres autour de vous sans vous voir?

## L'ARRÊT SUR IMAGE

C'est le premier outil de la concentration; à chaque instant vous pouvez arrêter le déroulement de ce qui se passe devant vous, que ce soit des sons, des images ou des sensations pour les apprécier immobiles. Les transports en commun sont un lieu privilégié pour faire cet exercice : vous n'êtes pas responsable de la conduite et il se passe beaucoup d'événements imprévisibles. Choisissez un visage ou une scène qui vous plaît, immobilisez-la sur votre écran mental, gardez-la présente quelques minutes. Vous découvrirez des détails qui vous ont échappé quand la scène s'est déroulée. Identifiez votre état de calme et dites-vous mentalement : «Je me souviens.» Une heure plus tard évoquez à nouveau cette scène, remerciez-vous de vous en être souvenu : «C'est bon de se souvenir.» Recommencez la procédure le soir avant de vous coucher. Au début choisissez une situation simple et anodine en vous focalisant sur des détails qui n'ont aucune implication personnelle pour vous. Au fur et à mesure que vous avancez, multipliez le nombre et la complexité des scènes ainsi immobilisées hors du temps. Quand vous avez cet outil bien en main, utilisez-le avec les différents canaux sensoriels. Immobilisez un son, une phrase, une sensation, un goût, une association geste + parole + vos sensations personnelles + un contenu significatif, gardez cette séquence présente et immobile. Évoquez-la plus tard pour la vérifier.

## LES CANAUX SENSORIELS

Nous avons déjà expliqué comment la perception de la réalité se faisait à partir de portes d'entrée qui varient d'une personne à l'autre. Une fois que vous avez identifié vos canaux de perception favoris, apprenez à prendre des notes sensorielles que vous pouvez associer à ce qui se passe devant vous. Nous sommes dans le monde du « Je sens donc je suis. » Interrogez-vous en ce moment. « Pendant que je lis ce livre, quelles sont mes sensations : sur le sommet de mon crâne, dans ma bouche, ma respiration, mon estomac, mes intestins, la zone génitale, mes pieds, ma colonne vertébrale... » Ressentez, puis gardez les sensations agréables que vous voulez associer à ce que vous lisez. Maintenant essayez de changer de canal sensoriel pour une même image, comme nous pourrions le faire avec le jeu du portrait chinois. Il se peut que vous ayez traduit les sensations perçues dans votre canal privilégié. Si par exemple vous êtes visuel, vous avez vu votre crâne, imaginé l'intérieur de votre bouche, vu une vapeur pour votre respiration, etc. Si ces sensations étaient auditives, en quoi consisteraient-elles en termes de sons ou de bruits? Répétez cela avec le canal kinesthésique en vivant la scène en termes de sensations tactiles puis avec le canal gustatif avec les goûts dans votre bouche, parfois même jusque dans votre estomac, et enfin avec le canal olfactif où les perceptions sont des parfums et des odeurs. Il y a toujours des sensations à percevoir. Nous avons à en prendre conscience et à les faire émerger à la surface pour identifier ces stimulations au présent.

Les notes sensorielles sont des associations sensorielles avec des contenus abstraits qui permettent de leur donner du « corps » pour s'en souvenir... avec le corps.

## Les sentiments

En psychologie nous parlerions plutôt d'émotions car elles sont à l'origine des sentiments qui eux en sont une déclinaison. Nous ne pouvons pas échapper aux émotions, il n'existe pas de moments où nous ne soyons exposés à une émotion. Par contre, certaines personnes arrivent à se couper de leurs émotions pour ne pas les sentir, soit qu'elles sont vécues comme désagréables soit qu'elles ne sont pas appropriées aux situations auxquelles ces personnes ont à faire face. Dans le cas de la mémoire, il n'est pas nécessaire de montrer dans quel état émotionnel on se trouve, mais simplement de l'identifier pour en sentir en quelque sorte le « parfum », puis de l'associer à ce que l'on souhaite mémoriser. Imaginez que vous suivez un cours dans un amphi, le temps est maussade, vous vous sentez un peu las, l'orateur est vraiment ennuyeux mais son cours a un fort coefficient sur les notes de fin d'année. Il sera indispensable d'associer ce sentiment d'ennui au contenu de ce qui est dit pour retrouver plus tard le contenu. Vous commencerez par sentir l'ennui, le temps maussade, l'odeur de l'amphi… l'image des notes prises ce jour-là, mais aussi peut-être la tasse de café, la musique chaleureuse, le contact du pull que vous aimez, le jour où vous vous êtes plongé dans les polycopiés pour réviser.

## La projection

La première étape de la construction de cet outil consiste à imaginer que l'on filme ce que l'on veut mémoriser. Les cinéastes forment un petit tunnel avec les doigts de la main repliés pour isoler l'image qu'il veulent retenir du reste de la scène. Vous pouvez faire de même en sélectionnant ce que vous trouvez essentiel. Ce que vous retenez, vous devez pouvoir le revisionner à la demande comme s'il s'agissait d'un film. La projection est l'aboutissement d'une bonne maîtrise de l'arrêt sur image.

## Le retour arrière

Ceux qui possèdent un magnétoscope ou un magnétophone connaissent bien cette manœuvre qui consiste à rembobiner la bande pour réécouter ou revisionner la même séquence autant de fois que nécessaire. Le retour arrière peut se faire avec des « images » fixes ou mobiles; cela n'a pas grande importance, l'essentiel réside dans la capacité de reproduire à l'identique ce dont nous voulons nous souvenir.

## Couper, copier, coller

Il s'agit là d'une des fonctions géniales que les ordinateurs ont élaborées pour trier des textes ou les déplacer. La fonction **Couper** permet de supprimer une partie écrite au milieu d'un texte sans avoir à remettre en forme le reste du texte. Pendant un temps le contenu coupé reste disponible en mémoire pour être replacé ailleurs. **Copier** permet de copier un mot, un paragraphe, un chapitre, de le mémoriser pour, grâce à la fonction **Coller**, le replacer ailleurs où il est plus approprié. Ce fonctionnement mental vous permet de sélectionner des informations pertinentes et de les attribuer à un **dossier** ou **sous-dossier** où vous pensez qu'elles seront utiles. Une même information peut se trouver dans plusieurs documents.

# Les boutons

Les boutons sont les véritables commandes de votre écran mental. Dans certains cas ils vous permettront de modifier les souvenirs du passé pour les rendre plus toniques et plus joyeux afin qu'ils soient une base efficace sur laquelle construire le présent que vous voulez mémoriser. Nous utilisons ces techniques de pointe dans la formation de sportifs de haut niveau ou de spécialistes de la force publique. Tous les appareils ont des « boutons » au moyen desquels il est possible d'en modifier le fonctionnement. Le radiateur électrique a un thermostat qui permet de le faire chauffer plus ou moins, le téléviseur peut modifier les couleurs et la luminosité, régler le volume du son, changer de chaîne, s'il est connecté avec un bon magnétoscope il est possible de faire des arrêts sur image, marche avant et arrière, accélérés ou ralentis.

Laissez-vous imaginer que tous les boutons possibles existent dans votre écran mental. Avec eux vous allez pouvoir accorder les « images sensorielles » comme on accorde un instrument de musique pour qu'il produise une note juste. Les boutons agissent sur le contenu des « images », c'est-à-dire « quoi » dans l'image. Ensuite nous vous proposerons des commandes de processus qui donnent la possibilité d'influer sur «comment» dans l'image. Ne vous préoccupez pas de comprendre comment tout cela fonctionne, mais soyez tranquille ça marche! Au début vous trouverez peut-être tout cela un peu compliqué mais très vite cela devient un automatisme. Le conducteur d'une voiture ne réfléchit pas aux gestes qu'il doit faire pour changer de vitesse ou freiner, il le fait instinctivement. Le même conducteur dans la voiture de l'auto-école pensait à tous ses gestes avant de les effectuer.

## Luminosité

Vous avez un bouton qui, comme un variateur, vous donne la possibilité de passer de l'obscurité complète à la grande lumière; réglez l'intensité lumineuse pour qu'elle soit agréable et efficace. Certains textes ont besoin de plus de lumière que d'autres. De même vous pouvez choisir que des actions se passent en intérieur ou en extérieur.

## Vitesse, temps

Une pendule avec un bouton permettant de faire passer le temps très rapidement, ou au contraire lentement, est prévue. C'est aussi là que vous réglez la vitesse de déroulement du film qui est projeté sur votre écran mental; il est aussi possible de faire passer des images fixes comme des diapos et ainsi de décider de la cadence de projection. Pour ceux qui doivent se souvenir de mouvements décomposés, comme les danseurs ou les gymnastes, il existe aussi une position stroboscopique qui enchaîne chaque mouvement de la chorégraphie.

## Température

Le thermostat du monde qui vous entoure est entre vos mains quand vous faites de la visualisation; il peut commander l'air ambiant ou même des parties du corps selon le besoin du moment. Vous pouvez avoir besoin de faire monter la température dans un monde immaginaire froid ou de la faire baisser si vous visualisez une scène en milieu torride. Une bonne température doit être confortable, vous permettre d'être vêtu de vêtements souples qui n'entravent pas vos mouvements tout en renforçant votre assurance si vous devez être vêtu. Le bouton température est très utilisé pour produire des anesthésies dans les circonstances médicales : en le positionnant à « très froid » il est possible de ne sentir que le froid à l'exclusion de toutes sensations douloureuses.

## Forme / fond

Les plans, comme des décors, ont besoin d'être différenciés, avec un premier plan puis des plans successifs; cela est évident pour l'espace qui nous entoure, mais cela existe aussi pour des concepts abstraits où il est essentiel de différencier l'élément central du contexte qui l'entoure et de l'influence réciproque qui s'exerce de l'un sur l'autre. Cette commande vous donne la possibilité de faire passer le fond en premier plan et la forme à l'arrière, ce qui offre une prise de conscience plus aiguisée de la situation. Prenons l'exemple historique de l'appel de Londres effectué le 18 Juin 1940 par de Gaulle. Il peut être perçu comme un fer de lance qui occupe le devant de la scène sur fond de France occupée. Ou bien la vie des Français dans la France occupée, les problèmes du gouvernement de Vichy, la situation militaire en Europe prennent le devant de la scène et « l'appel » fait l'effet d'une petite voix qui émerge du lointain. L'expérimentation de ces deux versions amplifie les liens mnémotechniques, donne du relief tout en réactivant de nombreux détails qui enrichissent l'événement en le plaçant dans un contexte plus large.

## Contraste / netteté

Les appareils de photo, les caméras et les microscopes sont équipés de dispositifs de mise au point qui font émerger l'image du flou vers une netteté parfaite. Ainsi il est possible d'obtenir des contours d'une grande précision, avec un maximum de contraste pour augmenter la lisibilité. Ce bouton s'applique à la pensée qui peut passer de la confusion à la compréhension, aux sons pour passer du brouhaha à l'intelligibilité, aux goûts qui d'indéterminés deviennent précis, etc.

## Goût

Ce bouton change les goûts ou tout simplement en fabrique. Vous pouvez ainsi associer ou dissocier les goûts que vous ressentez en fonction de ce que vous voyez. Le littoral sera associé au goût du sel, la montagne à la fadeur de la neige, etc.

## Tonalité sonore

Comme sur les bons postes de radio vous pouvez ajuster la tonalité d'une voix ou d'une musique jusqu'au point où elle devient plaisante et vous donne envie de la réentendre plusieurs fois mentalement.

## Augmenter / diminuer

« Mon Dieu, j'ai rétréci le prof! » Comme dans un film maintenant célèbre vous avez la possibilité de donner beaucoup d'importance à un détail ou au contraire de le minorer. C'est le moyen de donner la priorité à un point autour duquel vous allez construire un chaînage qui a un sens particulier pour vous. Imaginons une sortie scolaire pour visiter un musée régional. Un travail sur table est prévu dans les prochains jours. La sortie morose et ennuyeuse s'est passée sous la pluie, la présentation du musée était claire mais les pieds mouillés vous laissent un souvenir désagréable. Un petit tour à la palette d'outils : bouton « augmenter » : la pluie devient déluge, inondation avec de l'eau jusqu'au genoux, ont s'est sauvé de justesse en s'abritant dans le musée bien au chaud (bouton thermostat). Le copain Paul vous a donné un super chewing-gum (bouton goût), etc. L'inverse peut aussi fonctionner avec l'option « diminuer » la pluie.

### LE ZOOM

Le zoom permet d'aller chercher un détail que l'on rapproche pendant un temps bref puis que l'on remet à sa place dans son contexte. C'est un peu ce que vous faites quand vous soulignez les passages qui vous paraissent importants dans un texte. C'est l'outil idéal des révisions; il permet de reprendre contact rapidement avec l'environnement.

## 4. LE PROCESSUS

Le processus concerne la fonction, c'est-à-dire la façon dont la chose se passe. C'est une dynamique qui peut se reproduire à l'identique comme une procédure. Par exemple j'élabore un « projet »; pour cela je collecte des « informations » le concernant puis quand je passe à « l'action » je réussis et ressens du « plaisir ». C'est une démarche dynamique qui produit un résultat que je peux reproduire en la remettant en œuvre. Si le projet est d'écrire un rapport sur la consommation d'huile de lin chez les ébénistes, le contenu des termes « projet » et « informations » concernera le lin et les ébénistes. Je peux changer le contenu de ces termes pour organiser un week-end avec des amis; le résultat sera toujours à peu près le même si je maintiens la démarche de réussite liée à l'enchaînement : choisir un projet + préparation + passage à l'action + plaisir.

Nous allons maintenant vous parler de processus mentaux. Tout cela peut vous paraître obscur, c'est en fait très simple à vivre. Le petit enfant sait très vite utiliser le processus qui lui apportera le plus d'attention de la personne la plus importante pour lui : sa mère. Vous savez donc déjà utiliser un processus même si vous ne vous êtes pas encore penché sur le sujet. Abordez ce thème convaincu que cela est simple à comprendre.

## Évocation

Il s'agit de faire revenir un maximum de détails concernant un moment que vous avez vécu. Tous vos sens sont impliqués. Évoquer c'est prendre conscience de son itinéraire mental pour se nourrir de tout ce qui a été vécu comme ressources, dans le but d'utiliser l'expérience pour construire un moment nouveau qui servira à son tour. Il n'est pas possible d'apprendre sans évoquer; dans le rappel du passé nous nous approprions ce que nous évoquons; cela fait ensuite partie de notre patrimoine. Tous les outils que nous vous avons donnés précédemment sont des moyens très pointus d'évocation. C'est à partir de ce rappel du passé que s'effectue le découpage «manger l'éléphant». Bien mémoriser, c'est «découper» en formes ou éléments propices à une perception efficace.

## Association

Liez des informations solitaires ou des groupes d'informations liées entre elles par un fil conducteur qui favorise l'enchaînement de la pensée. Un exemple enfantin de chaînage est la ritournelle : J'en ai marre...à bout...de ficelle... de cheval...de course... à pied...de vache...etc. L'association se fait sur la phonétique de la fin du mot qui correspond au début du mot suivant tout en fabriquant un mot intermédiaire. Il est possible de faire des associations comme dans les «cartes mentales» (*mindmaps*) que l'on utilise en créativité. A partir d'un mot on fait une première couronne de mots en rapport avec celui du milieu. Puis on continue le même processus à partir des mots de la couronne pour en créer une nouvelle et ainsi de suite. Il sera aisé de trouver le lien entre les mots de la périphérie et celui situé au centre. L'accès à l'information se fera par la même route que celle qu'on a utilisée pour la faire entrer.

# Dissociation

Ce processus consiste à séparer des éléments qui sont habituellement amalgamés, qui se présentent donc ensemble alors que l'on souhaite les appréhender séparément. Dans une image sensorielle il existe de multiples paramètres associés. Si nous prenons une image de montagne enneigée, sont associés : froid, blanc éblouissant, vêtements encombrants, etc. Si l'on dissocie, il est possible de vivre une situation représentée par une « image » où il fait chaud, habillé d'un simple maillot de bain, toujours en présence de la neige, éventuellement en faisant diminuer la luminosité à un niveau confortable.

# Verrouillage

Quand vous avez réglé avec précision une scène à mémoriser en y incluant tous les éléments de ressource optimum, vous ne voulez pas la voir se désagréger et risquer de perdre des détails que vous y avez placés. Le verrouillage garde « l'image » ainsi préparée telle quelle. Attention de ne pas verrouiller et déverrouiller la même image plusieurs fois de suite : vous risquez de vous retrouver en pleine confusion. Pour verrouiller, faites votre signe-signal en même temps que vous êtes en contact avec tous les paramètres qui sont importants. Respirez calmement en vous disant mentalement : « Je me souviens. »

# Situer et stocker

Il s'agit là d'un repérage spatial du document ou du dossier que vous avez mémorisé. Pour le situer dans un contexte élargi il est indispensable de faire des ponts avec d'autres informations déjà en place; l'ordre peut être chronologique ou hiérarchique. Le dossier ou document « Révolution française » se situe entre « Louis XVI » et « Napoléon » dans le dossier « Histoire de France » sur le rayonnage « Scolarité ». Il peut avoir des ponts avec siècles des « Lumières » mais aussi avec « barbarie », « génocide »...

Bien mémoriser une information c'est lui affecter un sens et l'insérer à l'intérieur d'un contexte significatif et hiérarchisé. Par exemple, pensez à la checklist que vous effectuez avant de partir en voyage : taxi → argent → aéroport → billet → avion → livre à lire → hôtel → pyjama, etc.

## Concentration

Le mot lui-même signifie « tout réuni vers le même centre ». C'est le processus le plus important de la mémoire. La palette d'outils et les boutons ont besoin de lui pour être efficace. Nous vous en parlons en dernier parce que tout ce que vous avez fait jusqu'à maintenant dans le cadre de cette méthode développe la concentration. Nous voulions vous faire une surprise en indiquant en dernier quelque chose de déjà fait pour vous donner une sensation de vacances. La concentration consiste à ne penser qu'à une chose à la fois en maintenant son esprit immobile et calme. Pensez pendant quelques minutes à quelque chose d'agréable, investissez-vous complètement dans la sensation quelle qu'elle soit, c'est cela la concentration. Les offices religieux sont des lieux de concentration. Ceux qui y participent ardemment ne pensent qu'à leur foi, les autres peuvent se concentrer sur des détails architecturaux, des détails vestimentaires ou encore explorer les sensations dans leur corps ils n'ont rien d'autre à faire. Qui aurait imaginé que la religion contribuerait à la mémoire et à la santé mentale en imposant 1 h 30 d'espace mental une fois par semaine !

# 5. TRUCS ET RECETTES

Derrière tous les trucs ou conseils que nous vous proposons, il y a une raison scientifique vérifiable mais nous avons choisi de ne pas approfondir cet aspect de la mémoire. En effet, il est déjà très développé dans de nombreux ouvrages qui expliquent le fonctionnement du cerveau plutôt que de donner des conseils concrets pour améliorer son potentiel.

# Être en forme pour bien retenir

Nous sommes constitués de trois niveaux qui se retrouvent dans les différents aspects de notre vie, de notre croissance, de notre quête du sens. Dans chacun nous retrouvons l'importance de notre mémoire pour la construction et l'épanouissement de l'être que nous sommes. Sans mémoire, rien ne pourrait se construire; la trace de l'expérience disparaîtrait et tout serait à recommencer à zéro chaque matin. Autant dire qu'en l'an 2000 l'humanité marcherait encore à quatre pattes en se nourrissant de racines!

Les races et les civilisations qui ont le plus évolué et progressé l'ont fait essentiellement autour de leur alimentation. L'espèce se modifie et prospère si elle est convenablement nourrie, cela est valable pour le monde animal et humain. Notre corps a besoin d'une alimentation appropriée selon les âges de la vie mais aussi les saisons. Notre alimentation influera sur notre mémoire, car nos cellules et notre cerveau ont des besoins spécifiques qui doivent être satisfaits. Certains aliments et produits sont au contraire néfastes au système nerveux et à l'organisme tout entier. Nous sommes conscients en disant cela qu'il est nécessaire d'être prudent, chaque individu est unique et métabolise donc différemment. Cela signifie que les effets visibles peuvent être très différents d'une personne à l'autre. Prenons l'exemple d'un excitant comme le café; pour certains une tasse les mettra en état d'excitation pour plusieurs heures alors que d'autres pourront absorber tout le contenu de la cafetière sans qu'apparemment cela modifie leur comportement. Il n'en reste pas moins que le café est un excitant qui, pris quotidiennement ou en forte quantité, est toxique.

Les produits lactés (lait, fromages) sont favorables à la mémoire par leurs apports en calcium et en phosphore, le jaune d'œuf contient de la lécithine et des graisses phosphorées. Le poisson est aussi riche en phosphore qui est un stimulant de la vie intellectuelle. Le chocolat noir, la levure de bière, les germes de blé, les amandes, noisettes, noix sont à conseiller pour les sels minéraux qu'ils contiennent. A notre époque la nourriture des citadins ressemble plus à des aliments pour chiens et chats loin des produits frais, riches en vitamines que nous pourrions trouver dans les campagnes. Il est même possible de trouver à l'étal du poissonnier du poisson reconstitué en forme de dinosaures! Ceux qui auront à utiliser intensément leur mémoire trouveront des compléments nutritifs proposés par les laboratoires pharmaceutiques spécialisés pour soutenir l'effort demandé.

## Trois niveaux de la dimension humaine à prendre en compte

La mémoire fonctionne, nous l'avons vu, en réseaux. Les réseaux associatifs qui permettent de relier les informations les unes aux autres s'appuient eux-mêmes sur des structures plus larges. Dans chacune de ces structures nous aurons à maintenir un équilibre pour que la mémoire nécessaire à la croissance s'épanouisse. Les niveaux que nous vous présentons sont comme des cubes qui s'appuient les uns sur les autres pour former une tour. Non seulement ces niveaux s'imbriquent les uns dans les autres mais ils sont interconnectés, c'est-à-dire qu'ils se renforcent les uns les autres, chacun dépendant du précédent pour s'épanouir.

### Niveau corporel

Il comprend la santé physique et l'hygiène du corps. Une alimentation saine avec tous les apports indispensables à la nourriture cérébrale et éventuellement des compléments extérieurs si la nourriture disponible est insuffisante ou inappropriée. C'est par le corps que s'effectue la perception de toutes les informations que la mémoire devra conserver, c'est le récepteur privilégié à chouchouter. La respiration prendra aussi une place importante dans l'attention à donner au niveau corporel, nous y reviendrons plus loin.

## Niveau psychologique

C'est le monde des émotions et des sentiments; le calme, la confiance sont les éléments cristallisants de la mémoire. A ce niveau nous trouverons aussi les grandes lignes sur lesquelles viendront se greffer les « grands projets de vie ». « Pourquoi est-ce que je fais ces études? » « Quelle est la motivation qui m'anime et avec laquelle je peux renverser des montagnes? » Donner du sens à sa vie, trouver la place d'un objectif dans un projet de vie est mobilisateur. La relaxation créatrice et la visualisation-symbolisation sont les outils privilégiés du champ psychologique; elles nous donnent les moyens de communiquer avec le niveau corporel en apportant détente et plaisir. Elles font aussi le lien avec le niveau spirituel en situant dans le futur les projets du présent.

## Niveau spirituel

Précisons tout de suite que le mot spirituel est pris là au sens large et non pas restrictif de la pratique religieuse. La religion est de l'ordre du spirituel qui, lui, n'est pas nécessairement de l'ordre du religieux mais simplement concerne l'esprit. La question à ce niveau est « Pourquoi je veux faire mémoire? « C'est tout le sens de la trace que chacun d'entre nous souhaite laisser à l'humanité. Comment me situer dans la mémoire de l'espèce qui me transmet un patrimoine à exploiter? La question d'où je viens et vers quoi je vais est une question de mémoire. En mémorisant, j'inscris « l'ici et maintenant » dans la vie éternelle.

Vastes sujets d'interrogation que nous développerons ailleurs. Rappelez-vous seulement que ces niveaux sont à prendre en compte, qu'ils interfèrent les uns sur les autres et que leur harmonie vous appartient.

## Mouvement et respiration

Les activités du corps sont évidemment essentielles par la conscience et l'éveil qu'elles stimulent. L'oxygénation du sang est fondamentale pour le fonctionnement du cerveau et des muscles. C'est le cerveau qui a le plus grand débit circulatoire de notre corps : en vingt-quatre heures, 2 160 litres de sang passent à travers le cerveau humain, soit environ 400 fois la masse totale du sang*. C'est aussi notre cerveau qui possède le plus riche circuit d'irrigation capillaire : environ un mètre par millimètre cube de tissu**! Les mouvements corporels, outre le fait qu'ils réactivent les sens et délassent, font circuler le sang, favorisant ainsi les échanges et l'oxygénation. La respiration est donc un facteur important dans le processus de mémorisation. Certains acteurs et orateurs passent quelques minutes à faire des exercices respiratoires la tête en bas pour augmenter l'irrigation cérébrale avant leurs interventions. Veillez à bien ventiler vos lieux de travail, faites régulièrement des pauses à l'extérieur et si possible dans la verdure, cela a un effet stimulant. Dans nos stages nous apprenons aux participants à respirer par tous les pores de la peau et par tous les orifices du corps! Ceci est une métaphore, bien sûr. Il s'agit d'apprendre à la fois à se mettre en situation d'ouverture, à ventiler au maximum ses poumons et à détendre tous ses muscles. Vous apprendrez vite à respirer pendant quelques minutes comme un bébé, ce qui favorisera votre bien-être.

## La relaxation créatrice

Il existe beaucoup de méthodes, chacune insistant plus ou moins sur les différents paramètres qui constituent la relaxation. Elles ont toutes en commun une respiration calme et le plus souvent libérée. Nous avons développé des exercices où la technique de relaxation est secondaire par rapport au processus imaginaire à installer dans son mental. Là encore

---

* R. Tocquet, *La Mémoire*, éd. Julliard, Paris 1967.

** *Méthode Richaudeau* par F. Gauquelin éd. Retz, Paris 1979.

nous affirmons que la mise en pratique concrète est plus importante que des connaissances théoriques sophistiquées. Nous nous adressons à des personnes qui souhaitent utiliser dès maintenant la méthode avec des résultats rapidement vérifiables.

Dans la relaxation créatrice nous vous invitons à anticiper positivement l'issue de vos actions et l'atteinte de vos objectifs pour amplifier la confiance et pour associer la détente au plaisir d'avoir réussi. La relaxation est indispensable dans les trois phases de la mémorisation : l'enregistrement des données ou l'apprentissage nécessite une disponibilité physique, la conservation ou stockage ainsi que l'évocation des données ou rappel exige le calme pour ne pas générer de confusion. Le stress ou la tension bloquent les souvenirs.

## Les rituels

Chacun a ses petites manies, elles servent de balises pour se mouvoir dans un monde qui, parfois, nous paraît incertain. Nous vous encourageons à les identifier et à les conserver soigneusement : elles sont des ancrages spontanés. Vous avez certainement des rituels de relaxation liés à des lieux, des musiques, des vêtements, des aliments ou mêmes des fétiches comme des peluches ou des objets que vous avez investis de souvenirs. Ces rituels concernent la relaxation mais aussi la mémorisation, à vous de les entretenir et de les multiplier. Nous pouvons vous citer l'exemple d'un érudit qui écrit des ouvrages demandant la lecture et la synthèse de plusieurs livres à la fois. La solution trouvée pour ne pas mélanger les contenus et les garder clairement différenciés consiste à lire chaque livre dans un lieu différent. Il y a donc un livre pour le « canapé du salon », un pour la « table de travail », un pour le « lit » un pour les « transports en commun », un pour les « WC », etc.

## La répétition

Autrefois on donnait à la répétition la première place dans le travail de mémorisation. Nous lui donnons une place plus modeste. Il ne s'agit pas d'apprendre par cœur des informations sans les comprendre et sans pouvoir leur donner de sens dans notre vie. La répétition est valable lorsque vous apprenez peu à la fois, elle demande d'utiliser fréquemment l'information mémorisée et surtout de la relier par un réseau de feed-back pour corriger les erreurs ou intégrer de nouveaux éléments d'information. Varier les occasions de répéter rend plus vivant ce que l'on a à apprendre, les petits enfants font cela quand ils enseignent à leurs poupées ce qu'ils ont appris à l'école.

# 6. RÉSUMÉ

Nous vous invitons à lire ces lignes en appliquant les propositions faites dans cette méthode et à les ancrer avec votre signe-signal pour qu'elles restent bien présentes à votre esprit chaque fois que vous aurez à les utiliser.

— Le corps écoute

• Tout est mémoire, la vie est un empilement de tous les instants que nous avons vécus; pas un seul n'est perdu. Nous avons tous une bonne mémoire.

• L'information passe par le corps, la perception est le premier maillon de la mémoire, on se souvient de ce que l'on a bien senti. C'est le corps tout entier qui mémorise; pour cela il est indispensable d'être présent à son corps. Associer ce que le corps perçoit à ce que l'on souhaite mémoriser, c'est multiplier sa puissance de mémoire.

— Les ennemis de la mémoire

• Dire «Je n'ai pas de mémoire» et y croire.

• L'agitation, la peur, le trac, le manque de confiance, le bruit, les musiques trop rythmées, le scepticisme, le stress, la respiration bloquée ou retenue.

# 7. LES SIX POINTS MÉMOIRE

1) On ne peut bien mémoriser que ce que l'on a correctement perçu. Tendu, fatigué, inquiet ou sceptique, la mémoire diminue. Bien mémoriser une information, c'est préparer son corps et son esprit à un état de réceptivité maximale.

2) Bien mémoriser une information, c'est la découper en « formes » favorisant une perception efficace (processus mnémotechniques).

3) Bien mémoriser une information, dès sa saisie, c'est organiser son processus de rappel en utilisant le système sensoriel Visuel, Auditif, Kinesthésique, Olfactif (VAKO).

4) Bien mémoriser une information, c'est lui affecter un sens et l'insérer à l'intérieur d'un contexte significatif et hiérarchisé.

5) Bien mémoriser une information, c'est l'associer à une forme visuelle, un concept concret et la placer dans un contexte affectif :

- les informations visuelles sont mieux mémorisées ;
- les informations chargées d'affects sont mieux mémorisées que les neutres.

6) Bien mémoriser une information, c'est dès sa saisie multiplier les associations mentales avec d'autres concepts.

DEUXIÈME PARTIE

# Les exercices

# Avertissement

En rassemblant tous les exercices qui suivent, il s'est avéré impossible de remonter jusqu'aux véritables auteurs ou créateurs de ces exercices. Les raisons sont multiples :

— Les symboles constituent un patrimoine collectif, et plusieurs personnes peuvent avoir les mêmes idées d'exercices autour du même symbole.

— Les animateurs de séminaires empruntent fréquemment des exercices, et omettent malheureusement souvent de nommer leur auteur.

Nous avons fait un bouquet constitué de toutes les approches citées au cours de cet ouvrage. Les apports de leurs auteurs nous ont inspiré. Qu'ils reçoivent avec la mention de leur nom et de leur œuvre au cours du texte ou en fin d'ouvrage («Les Sources») la reconnaissance de la paternité de leur travail. Si toutefois une omission nous était signalée, elle serait rectifiée dans la prochaine édition.

Sauf indication spécifique, tous ces exercices nécessitent une induction préalable, dont vous trouverez des modèles au début du prochain chapitre. Les indications destinées à celui qui fait pratiquer l'exercice sont imprimées en italique. Le lecteur remarquera que nous utilisons, afin d'accentuer encore l'impact des exercices, la forme syntaxique «laissez-vous voir», «laissez-vous sentir», etc. Qu'il nous pardonne cet abus de langage.

N.B. : Certains exercices publiés dans cet ouvrage sont également disponibles sur cassette audio aux éditions *Sonothèque Média*, 31510 Sauveterre de Comminges.

# Conseils pour faire les exercices

Rappelez-vous qu'il n'est pas souhaitable de pratiquer la relaxation-visualisation lorsque l'on ne le désire pas et qu'il est toujours possible de sortir d'un exercice qui vous déplaît en vous donnant des suggestions de « reprise ».

En tout état de cause, ne pratiquez ces techniques que si vous êtes prêt à assumer la responsabilité de ce que vous découvrirez.

Il est évident que si vous choisissez d'entreprendre une démarche thérapeutique, il vous faudra choisir avec soin la personne qui vous guidera ou votre thérapeute[1].

— Installez-vous, confortablement allongé sur le sol ou dans un fauteuil qui soutient bien votre dos. Prenez toutes les précautions nécessaires pour ne pas être dérangé en cours d'exercice, ce qui est très désagréable.

La meilleure position est souvent les bras de long du corps, les jambes dans le prolongement du bassin.

— Évitez d'utiliser votre lit, sauf pour les exercices destinés à améliorer le sommeil. Il risque de se produire un réflexe conditionné qui vous ferait vous endormir à tout exercice de visualisation.

— Au début, la formule la plus commode consiste à enregistrer les exercices sur cassette avec votre propre voix, ainsi vous vous parlez à vous-même. Vous souhaitez peut-être passer du vouvoiement au tutoiement. Par la suite, vous pourrez faire les exercices de mémoire, sans cassette. Les * donnent le rythme, un * correspondant à un cycle complet inspiration/expiration.

— Un exercice complet comprend :

• Une *induction* pour atteindre l'état de perméabilité : vous trouverez de la page 147 à la page 171 différents types d'induction selon les canaux de communication sensoriels.

• Une partie *suggestion* qui est le corps de l'exercice proprement dit : vous en trouverez des exemples de la page 173 à la page 249. Il existe, bien sûr, autant d'exercices que de résultats souhaités. Les meilleurs exercices seront bien sûr ceux faits « sur mesure ».

• Une *reprise* pour le retour à la tonicité (voir page 172).

Un exercice de visualisation, pour fonctionner, doit remplir certaines conditions qui se résument en sept règles simples (voir page 146).

## NOTE BIBLIOGRAPHIQUE

1. Marie-Louise Pierson, *Le Guide des psychothérapies*, MA Éditions, Paris, 1988.

# Les règles d'or d'un bon programme

I — *Désirer* le but final du programme.

II — *Croire* à la finalité du programme.

III — *Anticiper* le résultat du programme, c'est-à-dire considérer le but du programme comme étant atteint sans se soucier des *moyens* pour l'atteindre.

IV — *Formuler* le programme d'une manière affirmative, éviter les négations.

V — *Utiliser* les éléments sur lesquels nous avons une maîtrise personnelle.

VI — *Se réjouir* émotivement du résultat.

VII — *Visualiser* le résultat dans toutes ses conséquences.

# Inductions visuelles

## LE POINT

*Ce type d'induction peut être utilisé seul ou avec un « signe-signal ».*

Imaginez qu'à la racine de votre nez, entre vos sourcils, il y a un point.* A l'endroit où les Hindous se mettent une petite tache de rouge.* Faites converger votre regard vers ce point.** Je vais compter de 1 à 5.*** Et seulement quand j'aurai atteint le chiffre 5, vous pourrez plonger très profondément dans un état de relaxation très profond.***

*(C'est volontairement qu'il y a répétition du mot profond. « Quand j'aurai atteint le chiffre 5 » devient le signe-signal.)*

1 — Concentrez votre regard, vous voyez ce point et ce point seulement.***

Ce point.**

2 — Concentrez-vous. Vous voyez ce point et ce point seulement.**

Même si cela est difficile, vous fixez ce point.**

3 — Fixez bien ce point.**

Peut-être ressentez-vous une légère fatigue.**

Vous fixez ce point.**

Ce point.**

4 — Continuez à bien fixer ce point. Vous voyez ce point et ce point seulement.***

5 — Vous relâchez l'attention et vous plongez très profondément, très profondément dans cet état de relaxation que vous recherchez, tout à fait en sécurité.******

Prenez le temps d'apprécier et de goûter les sensations agréables que vous ressentez.*****

## L'ARC-EN-CIEL

*La symbolique des couleurs est une induction très puissante qui, en même temps, fournira des informations sur le cadre de références du sujet.*

Pour approfondir votre état de relaxation, je vous propose de visualiser les couleurs de l'arc-en-ciel.**

Chaque couleur va vous entraîner dans un état plus profond.** Si vous avez des difficultés pour voir les couleurs, cela n'a pas d'importance (*suggestion paradoxale*); il vous suffira de les nommer.** Pour qu'instantanément vous plongiez dans un état plus profond.***

En commençant par le rouge.***

Un très beau rouge.**

Rouge comme un fruit, une fleur peut-être.***

Laissez s'installer cette couleur dans votre regard intérieur.***

Le rouge.***

La couleur orange, un orange radieux, dynamique.****

Et si votre esprit s'égare, ramenez-le sans violence à la couleur orange.***

Orange.***

Le jaune.***

Un jaune lumineux.***

Jaune comme le soleil.**

Laissez-vous sentir la chaleur du soleil sur votre plexus solaire.*****

*(Induction kinesthésique favorisant la relaxation et la vasodilatation.)*

Votre plexus solaire est chaud, agréablement chaud.***

Comme une fontaine de chaleur.***

Laissez circuler cette chaleur dans tout votre corps.***

Et particulièrement dans les parties qui ont besoin d'être aimées, soignées.*****

*(Suggestion kinesthésique développant le schéma corporel et invitant le sujet à prendre soin de lui.)*

Le jaune.***

Le vert.***

Vert comme une immense prairie au soleil.****

Vert.****

Le bleu, un bleu profond, un très beau bleu.****

Bleu.****

Et enfin le violet.***

Un violet harmonieux.****

Avec le violet, vient votre état le plus profond.****

Le violet.***

Prenez quelques instants pour apprécier et goûter toutes les sensations agréables dans votre corps.***

## LE POINT RÉEL OU IMAGINAIRE

***Fixez une gommette au plafond ou sur le mur de la pièce ou proposez au sujet d'imaginer qu'il y a un point.***

Concentrez votre attention sur ce point au plafond. (Ou sur ce point imaginaire au plafond.) Vous regardez ce point.*** Plus vous concentrez votre attention sur ce point, plus vous sentez votre corps se relaxer.****

Une sensation douce et agréable.***

Votre respiration est lente.**

Calme.**

Régulière.**

Comme le flux et le reflux de la mer.***

Vos paupières deviennent lourdes.**

Agréablement lourdes.**

A tel point que vous ressentez du plaisir à les fermer.***

Prenez quelques instants pour apprécier ce calme et toutes les vibrations dans votre espace intérieur.****

# Inductions auditives

Cela consiste à se fixer sur un son qui dure. Pendant que le sujet entend ce son (réel ou imaginaire) est associée la suggestion de relaxation et d'accès au niveau de perméabilité. Tous les sons peuvent être utilisés. Les plus simples sont ceux de la pendule, de l'oiseau qui chante, de la pluie sur le toit mais aussi le claquement des doigts, les coups de marteau de l'ouvrier qui travaille au loin. Personnellement, nous aimons bien utiliser le son décroissant du bol tibétain.

## LE SOUPIR

Mettez-vous à l'écoute du son de l'air à l'expiration d'un soupir.**

Maintenez ce son dans votre oreille.**

Et plus vous entendez ce son, plus vous vous relaxez.*

Il se peut que le bruit de l'air à l'inspiration dure plus longtemps qu'à l'expiration. *(Suggestion de confusion.)* Plus vous êtes à l'écoute de votre respiration, plus vous vous relaxez.*****

# CLAQUEMENT DE DOIGTS

Je vais compter de 1 à 3, vous entendrez le claquement de mes doigts. Il vous suffira de faire durer ce son pour plonger instantanément dans un état de relaxation très profond. Un état que vous connaissez.***

1 : *

2 : *

3 : *

*(Claquement de doigt.)*

Plongez très profondément maintenant.******

*Il est donc possible d'induire avec les sons. Mais on peut aussi utiliser une telle induction pour faire disparaître les sons! Par exemple :*

« Vous entendez le bruit de la moto qui passe.**

A partir de maintenant, elle passe*, mais c'est sans importance... tous les sons et les bruits de la circulation s'éloignent de plus en plus »**** *ou au contraire pour les faire résonner à nouveau :*

« A partir de maintenant, tous les sons et les bruits extérieurs à l'exercice participent à votre état de relaxation, et plus il y en aura, plus vous pourrez les utiliser pour plonger de plus en plus profondément dans cet état que vous connaissez bien et que vous recherchez.****

A partir de maintenant, vous entendez ma voix et ma voix seulement. »

# Inductions kinesthésiques

Ces types d'induction sont particulièrement efficaces. Ils font référence à une perception très concrète et en même temps à une réalité individuelle car le sujet seul peut les percevoir. D'autre part, la plupart des personnes peuvent les percevoir, à l'exception des tétraplégiques bien entendu.

## INDUCTION KINESTHÉSIQUE N° 1

Pour vous permettre d'approfondir cet état de relaxation, je vous propose de prendre conscience des points de contact de votre corps avec le sol.***

En commençant par la tête.**

Prenez conscience de vos cheveux.*

Comme si vous pouviez être présent dans chacun d'eux.** Placez toute votre attention dans votre tête.**

Prenez conscience de votre front, large et lisse.**

Prenez conscience des muscles autour de vos yeux.*

A tel point que vous pouvez laisser les yeux reposer dans les orbites, comme deux petits cailloux blancs.**

Vous prenez conscience maintenant des muscles de votre mâchoire.

Vous pouvez relâcher toute tension. Prenez conscience de votre langue.**

Ainsi vous pouvez vous détendre, desserrer les muscles de votre mâchoire et laisser à votre langue toute la place dont elle a besoin dans votre bouche.**

Ainsi vous laissez un sourire tout à fait naturel s'inscrire sur votre visage.***

Prenez conscience de votre nuque, de votre cou qui restent souples, agréablement souples.***

Vous prenez conscience de vos épaules, et vous les laissez se prolonger tout au long de vos bras jusqu'au bout de vos doigts.**

Laissez-vous sentir le contact au bout de vos doigts.**

Vous prenez conscience de votre colonne vertébrale depuis la base de votre crâne jusqu'à la pointe extrême de votre coccyx.***

Laissez-la se dérouler vertèbre par vertèbre, se déposer.*****

Vous prenez maintenant conscience de toute la surface de votre dos qui est déposé. Vous le sentez s'élargir, s'étaler.***

Comme si votre dos voulait marquer son empreinte dans le sol.***

Prenez conscience de votre bassin.**

De la masse musculaire de vos cuisses.***

De vos genoux.*

De vos mollets.**

De vos talons.***

Laissez-vous percevoir toutes les sensations agréables dans votre corps. Vous pouvez imaginer le poids de votre corps sur le sol.

# INDUCTION KINESTHÉSIQUE N° 2 RESPIRER PAR DIFFÉRENTES PARTIES DU CORPS

*Cette induction est très complète et très profonde. Elle développe le schéma corporel d'une manière interne et externe. A elle seule elle est un exercice en ce sens que l'on peut donner une suggestion de santé, de bien-être à la fin et revenir à la tonicité.*

*Elle est particulièrement appropriée pour les jeunes, les sportifs, les personnes qui ont des problèmes somatiques.*

*Elle peut être agrémentée de sensations de chaleur, de visualisation de l'énergie circulant dans le corps sous forme d'une lumière.*

*Elle est très stimulante et peut entraîner un état de relaxation très profond.*

*Elle est sans doute plus appropriée pour un début de cure et peut permettre d'ancrer le souvenir des sensations de transe utilisables pour d'autres exercices en les réactivant par la suggestion : « Laissez revenir maintenant le souvenir des sensations de relaxation des exercices précédents. »*

Installez-vous confortablement.**

Les bras le long du corps, les jambes dans le prolongement du bassin.***

Prenez conscience de votre respiration.**

De ce va-et-vient régulier, de votre ventre qui monte et qui descend.***

Très rapidement vous prenez conscience de deux petits anneaux de fraîcheur autour de vos narines.***

A l'endroit où l'air entre dans votre corps.**

Si vous le voulez, vous pouvez vous laisser imaginer cet air qui entre par vos narines sous forme d'une lumière.***

Et à chaque inspiration, vous pouvez le suivre plus avant.**

Visualisez la partie de votre corps où cet air passe.**

Dans votre gorge.**

Dans vos bronches.**

Comme si vous pouviez respirer directement avec vos bronches.**

Avec les bronchioles qui sont comme de petites branches.***

Vous suivez cet air dans chacune des alvéoles pulmonaires.**

Prenez conscience de ces petites alvéoles très sensibles, très pures, là où se fait l'échange vital de cet air que vous respirez avec votre sang.***

Vous pouvez maintenant respirer par différentes parties de votre corps.

Imaginez que vous respirez par votre front.**

Par votre oreille droite; vous sentez l'air sortir à travers cette oreille.**

Puis votre oreille gauche.**

Respirez par l'ensemble de votre nez.**

Respirez par vos yeux.**

Le droit.**

Puis le gauche.**

Par votre lèvre supérieure.**

Par votre lèvre inférieure.**

Respirez par votre gorge.**

Respirez par votre épaule droite.**

Puis la gauche.**

Respirez par votre bras droit.***

Et laissez l'air couler le long de votre bras et sortir entre vos doigts, comme si vous faisiez couler du sable ou de l'eau.***

Respirez par chacun de vos doigts, et à l'expiration vous sentez bien cet air qui circule dans votre bras et qui sort par le bout de vos doigts.***

Respirez par votre bras gauche.***

Par chacun de vos doigts.***

Respirez par votre poitrine.**

Par votre sein droit.**

Puis le gauche.**

Respirez par votre nombril.***

Puis par votre jambe droite.***

Et à chaque expiration vous sentez l'air qui suit toute une zone énergétique pour sortir par le dessus de votre pied ou entre vos orteils.****

Respirez par le dessus de votre pied.***

Par votre talon.***

Respirez par la plante de votre pied.**

Respirez par la jambe gauche.***

Par votre pied gauche.**

Respirez par chacun de vos orteils, des deux pieds à la fois.***

Respirez par la fesse droite.***

Par la fesse gauche.***

Respirez par votre cœur.***

Respirez par votre foie et visualisez votre foie.**

Par votre rate et même si vous ne l'avez jamais vue, laissez-vous imaginer comment elle est.***

Respirez par votre pancréas.***

Respirez par votre intestin grêle — le plus long — et prenez le temps de sentir l'air passer dans tous les tournants.*****

Respirez par votre gros intestin et visualisez-le.***

Respirez par votre rein droit.***

Par votre rein gauche; respirez par tout votre système urinaire.***

Respirez par vos organes génitaux internes.***

Externes.***

Respirez avec tout votre système sanguin.*****

Respirez avec votre système lymphatique et visualisez-le.*****

Respirez avec votre cerveau droit.***

Avec le gauche.***

Respirez avec tout votre système nerveux.*****

Respirez avec vos os, votre squelette.*****

Respirez avec votre peau.*****

Prenez quelques instants maintenant pour apprécier la qualité de votre état de relaxation et pour ressentir toute votre unité.*****

# INDUCTION KINESTHÉSIQUE N° 3 L'UTILISATION D'UNE TENSION

Installez-vous confortablement, les bras le long du corps, les jambes dans le prolongement du bassin.***

Quand vous le voulez, fermez les yeux.***

Laissez-vous entrer en contact avec une tension dans votre corps.*****

Laissez-vous imaginer sa forme.***

Et si vous le souhaitez, donnez-lui une image.***

Cela peut être un nœud.***

Une pince.**

Ou quelque autre forme que vous souhaitez.***

Alors que vous l'avez bien identifiée.***

Augmentez-la.****

Sentez l'augmentation de tension.***

Si vous le voulez, maintenant, imaginez que vous pouvez dénouer ou desserrer ce nœud ou cet outil.****

Puis laissez venir la sensation de bien-être.****

Laissez-vous chevaucher cette sensation de bien-être.**

Et elle vous entraîne très profondément à l'intérieur de vous-même.****

Prenez quelques instants pour goûter, apprécier les sensations agréables dans votre corps libre de tensions.*****

# INDUCTION KINESTHÉSIQUE N° 4 INDUCTION PAR CONTRACTION

Prenez le temps de contracter tous les muscles de votre visage et de serrer, de tendre tous les muscles de votre corps.**

Faites la grimace, contractez-vous bien.**

Encore plus fort.**

Relâchez-vous et laissez-vous sentir cette sensation de bien-être très profond et cette relaxation.*****

Recommencez à nouveau, contractez tout. Encore plus fort!***

Et relâchez-vous. C'est bien.*

Une dernière fois en retenant votre respiration. Vous inspirez. Vous bloquez, vous contractez au maximum. Contractez, contractez!**

Lâchez et plongez très profondément maintenant à l'intérieur de vous-même dans un corps tout à fait libre, relaxé, détendu.****

Déposez-vous.*

Reposez-vous.

Vous laissez votre corps maintenant, comme s'il flottait sur un tapis.

## INDUCTION KINESTHÉSIQUE N° 5

Prenez conscience de votre respiration.**

De ce va-et-vient tout à fait sécurisant.**

De votre ventre, de votre poitrine qui montent et qui descendent.***

A chaque expiration, laissez-vous tomber sur le sol.***

Comme si vous vouliez marquer votre empreinte.****

Et à chaque expiration, vous pesez plus lourd.***

Sensation très douce, très agréable.***

Prenez conscience de votre plexus solaire.***

Votre plexus solaire est chaud.**

Agréablement chaud.**

Comme une fontaine de chaleur.**

Faites circuler cette chaleur dans tout votre corps.***

# INDUCTION VISUELLE ET KINESTHÉSIQUE : LA MAIN

Fixez votre attention sur votre bras droit.**

Laissez-vous voir la couleur des vêtements que vous portez et descendez jusqu'au poignet.***

Prenez conscience de l'endroit où s'arrête le vêtement.**

Et où la peau de votre main est nue.***

Prenez conscience de tous les petits poils.**

Des petits cils de votre peau.***

Puis, prenez conscience de votre petit doigt.**

Des endroits où il se plie.**

Et faites cela avec chacun de vos doigts. Vous les voyez très en détail.***

Vous sentez l'endroit où poussent les ongles.**

Prenez conscience de votre pouce.***

Sentez toutes les sensations dans ce bras.***

Et comparez-les maintenant avec le bras gauche.***

Quel est celui que vous sentez le mieux?**

Cette relaxation que vous sentez dans votre bras.**

Vous pouvez la faire circuler dans tout votre corps.***

# DESSINER SON CORPS

Imaginez que sous votre bras droit, vous avez un crayon, juste au pli de l'aisselle.**

Et qu'avec ce crayon, vous allez dessiner votre corps.** Commencez à descendre sur la partie intérieure de votre bras.**

Jusqu'au pli de votre coude.**

Prenez le temps de dessiner les petits plis.**

Tous les petits poils, le duvet qu'il y a, et de votre coude vous descendez jusqu'à votre poignet, à la naissance du pouce.***

Prenez le temps de dessiner votre main, doigt par doigt, en entrant bien entre les doigts.**

Vous arrivez maintenant au bord extérieur du petit doigt.***

Remontez vers le coude par la partie extérieure du bras.**

Vers l'épaule.**

Maintenant vous remontez le long du cou vers l'oreille droite.***

Prenez le temps de dessiner le pavillon de l'oreille.***

Puis vos cheveux jusqu'à l'oreille gauche.***

Vous descendez le long de votre cou jusqu'à votre épaule.**

Puis jusqu'à votre coude.**

De votre coude jusqu'à votre poignet.**

Et par le bord extérieur de votre petit doigt, vous commencez à dessiner votre main en entrant bien entre vos doigts.****

Quand vous arrivez à l'extérieur du pouce, vous remontez progressivement vers votre coude.**

Le dessous de votre bras.**

Et vous commencez à descendre le long de votre poitrine jusqu'au bord de votre hanche.***

De votre hanche vers votre genou.**

De votre genou vers votre mollet.***

Dessinez maintenant votre pied gauche avec chacun des orteils.***

Vous pouvez commencer à remonter de l'intérieur de la jambe.***

Jusqu'à votre genou.**

Prenez le temps de dessiner vos organes génitaux.***

Et de redescendre par l'intérieur de la jambe droite vers votre genou.***

Votre pied droit. C'est bien.**

Vous dessinez bien vos orteils et vous remontez par le bord extérieur de la jambe en direction du genou.**

Jusqu'au bord de la hanche.***

Et du bord de la hanche jusqu'au dessous du bras droit.**

Prenez quelques instants pour bien sentir vos frontières, vos limites.****

C'est bien. Maintenant vous prenez le temps de dessiner les sourcils, les yeux, le nez.***

La bouche.**

Votre poitrine.**

Votre nombril.**

Prenez le temps de contempler si votre dessin est complet. Voyez ce qui peut manquer, ce que vous avez envie d'ajouter. S'il y a des parties qui sont moins nettes que d'autres.

C'est bien. Prenez conscience de votre unité.***

De la façon dont ces parties sont rattachées les unes aux autres et forment un tout.***

Maintenant que vous avez bien reconnu votre corps.**

Prenez le temps de sentir toutes les sensations agréables de ce corps.****

# LE TAPIS

*Induction très simple, particulièrement appropriée pour les enfants. Elle peut être améliorée en utilisant un tapis de couleur avec des dessins que vous faites regarder à l'enfant avant. Vous l'intéressez aux dessins, aux couleurs pour qu'il les mémorise. Et vous invitez l'enfant à s'allonger sur ce tapis.*

Installez-vous tranquillement sur ce tapis et prenez quelques instants pour voir à quel endroit vous placez vos mains, vos bras, vos jambes, votre tête, sur les dessins du tapis.***

Une fois que vous êtes complètement installé, regardant vers le plafond les yeux ouverts, imaginez quelques instants.**

La surface que votre corps cache du tapis.***

Quand vous voulez, vous fermez les yeux.***

Imaginez le tapis.**

Imaginez les morceaux du tapis que l'on peut voir.***

Et les dessins qui sont couverts par votre corps.*** Commencez par la tête.**

(Quelquefois, il est approprié de toucher l'enfant en nommant les différentes parties de son corps, donc de toucher sa tête, de toucher son bras, ses jambes, ses pieds, de manière à augmenter son schéma corporel.)

Le bras droit.**

Le bras gauche.**

Le ventre.**

La jambe droite.**

Le pied droit.**

Le pied gauche.**

Ressentez votre corps reposé sur le tapis, tout à fait en sécurité.***

# Inductions olfactives et gustatives

## LA FLEUR

Imaginez que vous tenez dans votre main une fleur.***
C'est une fleur que vous aimez.**
Prenez le temps de sentir sa tige entre vos doigts.***
D'apprécier sa texture.**
Sa couleur.**
Laissez cette fleur toucher votre joue.**
Et maintenant, sentez la fleur.***
Laissez son parfum envahir votre nez.***
Plus vous sentez ce parfum, plus vous vous détendez.***
A tel point qu'il vous suffit de sentir ce parfum pour plonger dans un état très profond.***
Ce parfum.***

## LE CAFÉ OU LE PAIN GRILLÉ

Laissez-vous aller. Imaginez que vous êtes chez vous.**
Tranquillement installé dans votre fauteuil préféré.**

Dans la pièce où vous vous tenez habituellement.**

De la cuisine vous arrive l'odeur du café.***

Une odeur que vous connaissez bien. Peut-être que se mêle à cette odeur l'odeur du pain grillé, une odeur de petit déjeuner. Si cette odeur est agréable pour vous, permettez-vous de la sentir maintenant.****

Et alors que vous sentez cette odeur, que les images s'associent librement.***

Laissez-vous sentir la relaxation. C'est un état de relaxation très doux, très agréable, très profond.***

## LE GOÛT DU SEL

Prenez conscience de votre bouche.**

De vos lèvres.**

Imaginez que vous êtes au bord de la mer, que lorsque vous passez votre langue sur vos lèvres, vous sentez le goût du sel.****

Toute votre attention est concentrée sur ce goût du sel. Sensation très agréable et très surprenante, d'autant plus qu'ici il n'y a pas de sel.***

C'est vraiment extraordinaire que vous puissiez ressentir ces sensations quand vous le souhaitez.***

Le goût du sel.***

## LE CITRON

*Cette induction est en elle-même un petit exercice très pratique pour faire prendre conscience au sujet de l'effet de ses pensées sur sa vie biologique et sur son corps.*

*Il s'agit d'induire la sensation du goût du citron qui provoquera le réflexe salivaire.*

*Il sera alors simple de faire remarquer au sujet que le fait de penser au citron fait fonctionner ses glandes salivaires alors qu'il n'y a pas de citron dans la pièce.*

Transportez-vous dans votre cuisine.**

Laissez-vous voir ce lieu.**

Prenez le temps de voir la taille de cette pièce, l'atmosphère qui y règne.**

Peut-être est-ce en ordre.***

Peut-être qu'il reste de la vaisselle de la veille.*

Regardez maintenant le réfrigérateur.**

Vous voyez très nettement sa forme, sa taille; peut-être qu'il y a des messages collés dessus ou des autocollants.***

Mettez la main sur la poignée du réfrigérateur et sentez le contact froid du métal. Imaginez que vous ouvrez la porte. Vous faites un léger effort et cette porte s'ouvre. Il sort une sensation de fraîcheur de cet appareil. Prenez le temps de voir tout ce qui est dedans.****

Devant vous, sur une étagère.*

Il y a un citron.**

Prenez-le dans votre main.*

Et refermez le réfrigérateur.*

Alors que vous le tenez dans votre main, prenez le temps de le serrer pour apprécier sa consistance.**

Vous sentez son poids.**

Approchez-le de vos yeux pour remplir votre regard de ce jaune, un très beau jaune.**

Approchez-le de votre nez et sentez l'essence de l'écorce de citron.**

Maintenant, faites-le rouler sur le bord de la table pour le rendre un peu plus juteux.**

Prenez un couteau pour le couper en deux.**

Prenez une moitié de citron et laissez-vous comparer les nuances de sa pulpe. Il y a une petite goutte de jus qui se forme.*

Sentez son parfum, un parfum acide, frais.***

Sa surface est brillante.*

Je vous propose maintenant de presser cette moitié de citron dans votre bouche.****

Laissez-vous sentir son jus acide, frais, couler sur et sous votre langue.****

Acide et frais.**

Progressivement, laissez-vous avaler ces quelques gouttes de jus de citron. Sentez les réactions dans votre bouche, le goût que cela donne à vos dents.***

Et alors que vous l'avalez, vous sentez ce jus couler dans votre bouche, dans votre gorge; sensation très agréable de ce jus de citron frais, acide.***

Pendant que vous faites cela, laissez-vous ressentir toutes les sensations agréables dans votre bouche.***

Quand vous ouvrirez les yeux, votre esprit sera clair, reposé, détendu et vous serez prêt à faire face à toutes les tâches qu'il vous reste à accomplir aujourd'hui. Vous êtes heureux d'avoir acquis une connaissance supplémentaire sur votre fonctionnement interne.

> *Vous avez certainement remarqué que beaucoup d'inductions utilisaient plusieurs canaux à la fois et n'étaient pas uniquement visuelles, auditives, kinesthésiques, olfactives.*
> *Les bonnes inductions couvrent ces différents canaux de communication que vous pouvez librement associer les uns aux autres.*
> *Un exemple classique de pot-pourri est l'induction de l'escalier.*

## L'ESCALIER

Transportez-vous en haut d'un escalier que vous connaissez.**

Un escalier réel ou imaginaire, cela n'a pas d'importance.**

Prenez conscience de l'espace.**

Et si vous le voulez, sentez le contact de la rampe dans votre main.**

Vous allez descendre cet escalier.**

A chaque marche.*

A chaque marche, vous allez sentir votre corps descendre.**

Descendre plus profondément vers cet état de relaxation que vous recherchez.***

C'est un escalier de dix marches. Je vais compter pour vous les marches et vous pourrez entendre le bruit de vos pas à chaque marche que vous descendrez. Il flotte dans l'air une odeur tout à fait particulière à cette maison, à ce lieu. Une odeur que vous pouvez reconnaître. Ce peut être le parfum du feu de bois.****

Ou d'un repas qui se prépare.**

Ou tout autre parfum que vous aimez.**

Peut-être que dans l'air flotte aussi une musique, une voix.***

Tout cela est sécurisant.****

Je vais maintenant compter pour vous les marches et à chaque marche vous vous verrez, vous vous entendrez, vous vous sentirez descendre tout à fait en sécurité vers cet état que vous recherchez.***

9 — Profondément.*

8 — Laissez-vous descendre et sentir.*

7.*

6 — Profondément.*

5.*

4.*

3 — A chaque pas, vous sentez votre corps peser sur la marche suivante.**

2.*

1 — Profondément maintenant.*

0 — Prenez quelques instants pour apprécier, pour goûter toutes les sensations agréables dans votre corps.***

Prenez conscience que cet état de relaxation est dû à votre propre concentration.***

## L'INDUCTION POIGNÉE DE MAIN

*Cette induction est particulièrement efficace et rapide et peut être utilisée dans une situation médicale où le contact physique est implicitement accepté.*

*Elle peut, dans un délai extrêmement court, entraîner la personne dans un état très profond.*

*Son utilisation répétée augmentera encore son efficacité.*

*Le thérapeute place sa main gauche au-dessus des cheveux du sujet en tendant le pouce, de manière que le pouce vienne se situer un peu au-dessus de la racine du nez, à l'endroit où les Hindous se font une petite tache de rouge (le troisième œil). La main droite du thérapeute tient la main droite du sujet, comme s'il lui disait bonjour, la tenant légèrement levée. Le sujet est en position allongée.*

Je place ma main sur votre front. Fixez bien mon pouce avec votre regard (le sujet fait converger ses yeux en haut et au centre).***

Mon pouce va descendre le long de votre visage, quand il arrivera sous votre menton, vous pourrez fermer les yeux et plonger dans un état de relaxation très profond*. Suivez mon pouce. Fixez bien mon pouce.***

*La main droite et la main gauche du thérapeute descendent en même temps. La main gauche passe au-dessus de tout le visage, le pouce au-dessus du nez pour aller se placer en dessous du menton du sujet. Lorsque le pouce arrive sous le menton, le message : « Vous pouvez fermer les yeux maintenant » est donné en même temps que la main droite du sujet est déposée sur le sol.*

Concentrez maintenant toute votre attention sur les muscles autour de vos yeux.***

Vous pensez aux muscles autour de vos yeux et aux muscles autour de vos yeux seulement.* A tel point que vos paupières sont tout à fait détendues, relaxées.**

Au point que vous ne pouvez plus les ouvrir, elles sont comme collées.**

Vérifiez que vous ne pouvez plus les ouvrir. Quand vous avez vérifié que vous ne pouvez plus les ouvrir, envoyez cette relaxation que VOUS avez autour de vos yeux jusqu'à la pointe extrême de vos orteils.***

C'est bien. Vous faites ça très bien.**

Pour augmenter votre concentration et la multiplier à nouveau, nous allons refaire cet exercice. Je vais compter de

1 à 3. A 3 vous pourrez ouvrir les yeux, je claquerai des doigts. Et quand vous fermerez les yeux, vous multiplierez cette relaxation de vos paupières par 10. Et vous plongerez dix fois plus profondément dans cet état de relaxation que vous recherchez.***

1 —2 —3 *(claquement des doigts).*

Ouvrez les yeux.*

Fermez les yeux.**

Et plongez très profondément, très profondément à l'intérieur de vous-même dans cet état de relaxation que vous recherchez. Encore une fois, vous vous concentrez sur les muscles de vos yeux, à tel point que vos paupières sont comme collées, vous ne pouvez plus les ouvrir. Vérifiez bien que vousne pouvez plus les ouvrir et quand vous avez vérifié, envoyez cette relaxation accumulée dans vos paupières jusqu'à la pointe extrême de vos orteils. C'est très bien. Profondément maintenant.****

Bien. Pour approfondir encore cet état de relaxation, nous allons refaire une fois cet exercice. Je vais compter de 1 à 3. A 3 vous pourrez ouvrir les yeux et quand vous refermerez les yeux vous multiplierez encore par 10 cet état de relaxation.**

1 —2 —3 *(claquement des doigts).*

Ouvrez les yeux. Fermez les yeux.

Et multipliez par 10 cet état de relaxation très profondément.** C'est bien. C'est très bien. A partir de maintenant, votre corps est totalement détendu. Pour approfondir encore cet état de relaxation, je vous propose de relaxer votre esprit en comptant les nombres de 101 à 99. Quand nous arriverons à 99, votre esprit sera totalement détendu, totalement libre et disponible. Je commence à compter maintenant.

101 : totalement disponible.

100 : tout à fait disponible et concentré.

99 : tous les nombres, tous les chiffres sont effacés dans votre esprit et vous êtes parfaitement détendu.

Vous entendez la voiture qui passe maintenant dans la rue.***

Imaginez sa marque.***

Vous vous souvenez des vacances alors que vous aviez 6 ans.*****

Sentez les sensations dans votre corps.***

Appréciez la température.**

*Il est aussi possible d'induire l'induction sans la préciser. Un peu comme une image dans l'image.* Exemple : si vous le voulez, vous pouvez vous laisser sentir.**

Très rapidement, vous expérimentez un état particulier, une sensation différente et agréable.*****

> *La création d'inductions n'est limitée que par votre imagination. Vous découvrirez vite que les plus simples sont les meilleures et que les inductions couvrant un large spectre ont plus de chances de réussir, donnant accès à un champ plus large de perceptions. Tous les éléments de la réalité peuvent être utilisés comme inductions, il est possible de les combiner à souhait.*

# Temps de reprise

*A la fin de chaque exercice, il est indispensable de ménager un temps de reprise qui peut varier en durée d'un sujet à l'autre. Pendant ce temps, nous lèverons les suggestions données lors de l'induction et qui ne seraient pas appropriées à l'état de veille, telles l'altération des sons ou la sensation de flotter.*

*C'est le moment d'ancrer la personne dans la réalité avec des suggestions positives et concrètes :*

— Vous entendez les sons et les bruits de l'immeuble.

— Prenez conscience de la pièce dans laquelle vous vous trouvez… des personnes qui vous entourent.

— Votre respiration est maintenant plus tonique et vous sentez l'énergie dans votre corps, en commençant par les pieds** (*nommez les parties du corps une à une*); vous pouvez maintenant bouger les pieds*** serrer les poings*** bailler** et vous étirer comme après une longue nuit de sommeil… Quand vous ouvrirez les yeux tout à l'heure, votre esprit sera clair, reposé, détendu, prêt à faire face à toutes les tâches qui vous restent à accomplir aujourd'hui.

Le ton et le rythme de la voix doivent être dynamiques et inciter à la tonicité.

# Les suggestions

Les exercices qui suivent sont précédés d'une fiche signalétique en cinq points.

La → indique à qui s'adresse l'exercice.

Les initiales indiquent le niveau de cure auquel il convient d'intégrer l'exercice (NTP = tout public; NDC = début de cure; NST = sujet en cours de thérapie).

Les lettres OR signifient = Objectif Recherché.

Le symbole ✎ indique l'idée clé qui sous-tend l'exercice.

Le panneau «danger» ⚠ attire l'attention sur les précautions particulières à prendre.

## EXERCICE DE RESPIRATION GLOBALE

→ A tous

NDC

OR Prise de conscience et différenciation des espaces internes et externes liés à l'ouverture-fermeture.

✎ La qualité de la vie dépend de la capacité à choisir entre la permission et la protection que l'on se donne.

⚠ Peut ne pas convenir aux asthmatiques.

*Cet exercice ressemble, à première vue, à celui de l'induction kinesthésique n° 2 : « Respirer par différentes parties du corps » dont le but est de stimuler « l'image inconsciente » du corps. Ici nous irons plus loin avec comme objectif de développer la capacité d'ouverture et de fermeture; l'expansion-rétraction amplifie la conscience des frontières entre espace du dedans, intime, et espace du dehors, partagé.*

Installez-vous confortablement,** les bras le long du corps,* les jambes dans le prolongement du bassin,* si vous avez choisi de vous allonger. Autrement, vous pouvez être assis sur une chaise, le dos bien droit,* appuyé sur le dossier*** les bras reposant dans la position dite « du cocher » sur le haut des cuisses.** Vous pouvez aussi faire cet exercice debout et dans ce cas je vous propose de mettre les pieds parallèles, légèrement écartés,* toujours à la perpendiculaire des bords du bassin,* les pointes de pied légèrement en dedans, les genoux doivent être légèrement fléchis, non bloqués, vous devez pouvoir lâcher toute tension dans les épaules,*** laisser tomber les bras, éventuellement la tête fléchie légèrement vers l'avant.****

Prenez une profonde inspiration** quand vous arrivez en haut de l'inspiration, immédiatement, vous relâchez.* Il ne s'agit pas de souffler, mais simplement de lâcher,** c'est-à-dire de laisser les poumons se vider.***

Inspirez* bien, remplissez, remplissez, remplissez, lâchez** et quand vous êtes arrivé à la fin de l'expiration, pas de temps de repos; vous reprenez l'inspiration très lentement, calmement. Ne vous brutalisez pas.** Vous faites cela trois ou quatre fois**** bien profondément.***

Maintenant, si vous le voulez, vous pouvez fermer les yeux.**

Après avoir bien vérifié le lieu dans lequel vous vous trouvez et senti que vous êtes dans une position qui convient à votre sécurité*** maintenant, prenez simplement conscience de l'air qui entre et qui sort*** sans faire d'effort, sans vous obliger à quoi que ce soit.** Simplement, laissez entrer** et sortir.*** Au bout de quelques instants, vous sentez deux petits anneaux de fraîcheur autour de vos narines,*** ou vous sentez une modification des sensations dans votre bouche si vous respirez par la bouche.***

Centrez-vous sur cette sensation, soit les petits anneaux de fraîcheur autour de vos narines** soit cette sensation nouvelle dans votre bouche***due à l'air qui entre et qui ressort.***

Une respiration calme, lente, régulière, comme le flux et le reflux de la mer*** prenez conscience que cet air, cet oxygène**va directement aller alimenter votre cerveau.***

Si vous avez choisi la position debout, vous pouvez aussi imaginer que vous pompez de l'air, que vous prenez de l'énergie à chaque pas, et que cette énergie circule dans tout votre corps.**

Par contre, si vous êtes dans une position immobile, donnez une forme, une image, une consistance à cet air, comme si c'était de la vapeur**** ou de la lumière*** ou de la musique;** quelque chose de positif et d'agréable,** faites circuler toute cette respiration dans votre corps.***

Imaginez qu'à l'expiration vous pouvez faire sortir l'air par la plante de vos pieds*** ou rentrer par la paume de vos mains** ainsi vous pouvez inverser; à l'inspiration l'air monte comme de l'énergie, de la lumière, depuis la plante de vos pieds, le plus haut possible dans votre corps*** à l'expiration, vous le faites sortir par les paumes de vos mains*** quand vous avez fait cela dans un sens, vous pouvez faire l'inverse.** L'air entre par le sommet de votre crâne, par les paumes de vos mains et à l'expiration sort par la plante de vos pieds.** Laissez bien circuler** cet air dans votre corps*** laissez la possibilité à cet air de libérer tout ce qui est important pour votre organisme.***

Prenez quelques instants maintenant pour goûter, pour apprécier** toutes les sensations qui sont agréables dans votre corps.**** Ce moment vous appartient.****

Je vous propose maintenant de vous transporter dans un paysage, un lieu tranquille et sûr.**

Un lieu réel ou imaginaire qui n'appartient qu'à vous.***

Prenez le temps de voir** ce qu'il y a à voir dans ce lieu*** d'entendre ce qu'il y a à entendre.***

Laissez-vous aussi sentir la fermeté du sol** la qualité de l'air, la température** appréciez la lumière* les couleurs.*

Peut-être qu'il y a des parfums, ou des odeurs.*** Dans ce lieu* prenez quelques instants pour expérimenter la respiration du petit bébé** le petit bébé a cette capacité de se gonfler, de se dégonfler, comme si tout son corps respirait en même temps.***

Imaginez les milliers de petits pores de votre peau,** ces petits orifices qui vous permettent aussi de respirer** et pendant quelques instants** laissez-vous imaginer qu'ils s'ouvrent** qu'ils deviennent accueil de l'air qui vous entoure** et qu'en même temps, ils peuvent libérer l'air qui est à l'intérieur,** comme si vous étiez momentanément poreux.***

Sensation très agréable de sentir, dans toutes les parties de votre corps, que ce soient celles qui sont visibles pour le monde extérieur, ou celles qui sont recouvertes de vêtements,** cette possibilité de s'ouvrir et de laisser sortir** puis à l'inspiration, de recevoir.***

Si vous êtes allongé sur le sol* ou même, si vous êtes dans une autre position* imaginez par exemple qu'à l'inspiration, l'air entre par le devant de votre corps** et ressort par votre dos** faites ça plusieurs fois de suite.**** Sensation très agréable encore de faire circuler de l'air.**

Je vous propose maintenant d'ouvrir réellement, pendant quelques instants tous les orifices** donc à l'inspiration vous ouvrez les yeux, vous ouvrez la bouche, très large vous écartez les jambes, vous ouvrez les sphincters vous étalez les doigts de pieds, vous ouvrez les paumes de vos mains, vous écartez les doigts vous ouvrez tout votre corps* et à l'expiration vous refermez* tout doucement,* sans brutalité* et vous recommencez à l'inspiration, vous ouvrez, vous ouvrez, vous ouvrez, vous ouvrez tout votre corps, accueil, ouverture, réception**et à l'expiration, vous refermez, vous resserrez, sans brutalité***plusieurs fois de suite.*****

Prenez quelques instants pour goûter, pour apprécier toutes les sensations agréables et nouvelles qu'il peut y avoir dans votre corps.***

Sensations de vous découvrir, de mieux vous connaître, mieux vous comprendre, mieux vous aimer, remerciez-vous vous-même de prendre du temps pour faire cet exercice.***

Vous pouvez maintenant mémoriser ces sensations et ces gestes.***

Vous pourrez les faire à tout moment, même si vous n'êtes pas en situation de relaxation, pour mieux oxygéner votre cerveau, pour vous dynamiser, pour prendre de l'énergie.***

Si vous avez un signe-signal, c'est le moment de le faire, pour mémoriser les gestes et les sensations.***

Rappelez-vous que l'air et l'oxygène sont un bien que nous partageons, c'est important de respecter ce bien partagé, de le garder propre, de manière que nous puissions tous en profiter, car nous en avons besoin pour avoir une vie épanouie et joyeuse.***

Dans quelques instants, vous allez revenir à la tonicité.** Votre enveloppe sera tout à fait étanche** vous avez appris à respirer, vous pourrez utiliser cet apprentissage à tout moment quand vous en aurez besoin. Je vais compter de un à trois et à trois, votre esprit sera clair, reposé, détendu. Vous serez heureux et heureuse de vivre et prêt à faire face à toutes les tâches qui restent à accomplir aujourd'hui. Un, deux, trois. Quand vous en avez envie, ouvrez les yeux et revenez à la tonicité.

## IDENTIFIEZ VOTRE PARCOURS MENTAL

→ A tous

NTP

OR Identifier le cheminement des perceptions du parcours mental.

↗ Une fois repéré, le parcours mental devient une procédure d'appréhension consciente.

Prenez quelques instants pour établir le calme à l'intérieur de vous-même.** Vous trouvez les sensations*** que vous avez quand vous faites de la relaxation.***

Une respiration calme, lente, régulière.*** Une impression peut-être de flexibilité dans les muscles, notamment dans la nuque, dans le cou.**

Je vous propose de fermer les yeux si cela est possible pour vous** et tout en vous relaxant* imaginez* que vous rentrez chez vous.*** Ne faites pas d'effort, soyez simplement observateur de ce qui se passe et de ce qui se présente à vous.*** Il va y avoir une suite d'images, et une suite de propositions.**

Ne cherchez pas à vous conformer à ce que vous imaginez, que je vous demande.* Simplement laissez-vous voir ce qui émerge,* qui vient de vous.** Vous êtes sur le chemin pour rentrer chez vous.* Quel que soit le lieu où vous habitez et quel que soit ce que vous appelez chez vous, ça peut être votre maison, ça peut être un hôtel, ça peut être simplement votre chambre, ça peut être le meuble qui représente votre bureau, votre espace, votre territoire personnel.*** Au moment où vous passez le seuil qui sépare le monde extérieur de chez vous, que se passe-t-il?* Avez-vous des images visuelles?** et dans ce cas identifiez la lumière** les couleurs** le volume de l'espace.***

Sur quoi se porte votre regard? Qu'est-ce qui vous entoure? Avez-vous plutôt des images auditives?** À ce moment-là, quels sont les sons que vous entendez?** La porte qui s'ouvre* les appareils peut-être qui fonctionnent à l'intérieur de la pièce ou de ce lieu,** identifiez la qualité de ces sons, leur tonalité** leur volume.** Est-ce que ces sons sont brefs? Ou bien durent-ils?**

Quelle forme ont-ils?** Et à ce moment-là, identifiez si ce sont plutôt vos oreilles qui sont mobilisées, alors que tout à l'heure c'étaient vos yeux.*** Peut-être que ce ne sont ni vos yeux, ni vos oreilles et que vous ressentez plutôt des sensations tactiles.** Là encore, prenez le temps d'identifier, de remarquer, de repérer ce qui se présente à vous.** Est-ce que les sensations sont lisses ou rugueuses.** Est-ce que le contact est léger ou lourd?** Est-ce que c'est un contact qui est sec ou plutôt humide?** Est-ce que c'est chaud ou plutôt froid?*** Repérez quels sont les parties de votre corps qui sont branchées, qui sont mobilisées, qui sont en éveil au moment où vous ressentez les sensations tactiles; ce corps vous appartient, il est un moyen de langage.* Il n'y a pas de zones interdites pour vous.* Toutes les zones peuvent être utiles pour identifier ce qui se passe aussi bien à l'intérieur de vous-même, qu'à la périphérie, ou à la surface. Mais peut-être que ce qui domine ce ne sont ni des images visuelles, ni auditives, ni tactiles.**

En passant le seuil de votre maison, y a-t-il une odeur ou un parfum que vous pouvez identifier?** Là aussi laissez-vous apprécier sa subtilité* sa finesse* ou au contraire* son envahissement* son poids, encore peut-être sa présence dense.*** Ou peut-être que ce sont des goûts** que quelque chose se passe dans votre bouche.**

Est-ce que c'est sucré, salé, amer** acide?***

Est-ce que c'est plaisant?*** Prenez quelques instants pour récapituler*** la perception que vous avez eue, en rentrant chez vous, dans votre lieu, je pourrais presque dire votre tanière*** commencez à discerner quel est votre parcours mental.** N'arrêtez rien, simplement, accueillez, identifiez.***

Je vous propose de continuer* cette série d'observations avec des scènes tout à fait simples qui vous appartiennent. Vous n'avez pas besoin de les raconter à qui que ce soit, elles peuvent rester votre secret, donnez-vous simplement la permission de rencontrer tout ce qui se passe dans votre corps au moment où vous allez faire ces expériences.**

Je vous propose d'évoquer une rencontre avec une personne que vous appréciez.** Qu'est-ce qui se présente à vous le plus spontanément alors que j'énonce cette proposition?*** Avez-vous des images visuelles?** Quelles sont-elles?** Entendez-vous des sons** des bruits?* Avez-vous des sensations tactiles que l'on appelle aussi kinesthésiques?*** Contact de tissus, de peau?**** Avez-vous aussi une perception olfactive?** Il y a des parfums, des odeurs particulières pour chaque personne** parce que dans cette rencontre, cela est présent, il y a peut-être aussi un goût** qui se manifeste dans votre bouche.* Là encore, prenez le temps de noter, d'observer, pour vous-même ce qui se passe.**

Vous vous en souviendrez et vous pourrez utiliser tout ce que vous collectez dans cet exercice, afin de mieux vous connaître, mieux vous comprendre, mieux vous aimer et ainsi utiliser vos potentiels de mémoire au maximum.***

Préparez-vous pour une nouvelle collecte de perceptions.** Je vous propose d'évoquer un livre que vous avez aimé.***

Qu'est-ce qui se présente spontanément?** Là encore est-ce de l'ordre du visuel?**

Voyez-vous les personnages?*** Entendez-vous les sons, des paroles, des dialogues?***

Avez-vous des sensations corporelles, tactiles, kinesthésiques?** Quelles sont-elles?**

Y a-t-il un goût dans votre bouche?** Un parfum, une odeur qui remplit vos narines** qui évoque pour vous toute l'atmosphère de ce livre?***

Prenez le temps d'avoir un sourire pour vous-même : remarquez que tout ce que vous avez apporté dans les pages de ce livre vient de votre propre histoire** et que votre voisin, s'il a lu le même livre, a construit autre chose, qui lui appartient aussi en propre, qui fait sa spécificité, qui fait que chacun d'entre nous est un être unique.***

Je vous propose encore une expérience* il s'agit là de vous souvenir, de faire revenir dans votre mémoire, un disque ou un moment musical que vous avez écouté et que vous avez apprécié** quel que soit le disque, quel que soit le thème, le style de musique, qu'est-ce qui se passe?****

Observez si les perceptions sont plutôt visuelles** si elles sont visuelles, quelles sont-elles?***

Notez-les mentalement.*** Sont-elles plutôt auditives?*** Est-ce que les notes, les harmonies que vous entendez, vous renvoient à d'autres images auditives?*** Des rythmes qui pourraient évoquer les choses de la nature par exemple, et que vous avez déjà entendues?***

Est-ce que ces sons qui sont dans ce disque, ou dans ce moment musical, provoquent des réactions sensorielles tactiles dans votre corps?***

Y a-t-il des parties de vous-même qui vibrent, qui grincent, qui s'étirent, ou qui au contraire se contractent?***** Identifiez ce qui se passe dans votre corps, quand vous êtes exposé à cette image auditive*** enfin, cette image auditive évoque-t-elle une odeur, un parfum?*** le parfum de quoi?** l'odeur de quoi ou de qui?*** ou peut-être que c'est un goût,** un goût naturel, un goût fabriqué, artificiel, à vous d'identifier;*** peut-être que vous pouvez même inventer un goût pour cette musique.***

Eh bien, là encore, prenez le temps tout à fait simplement d'identifier comment vous avez transformé cette proposition auditive pour la faire passer par votre parcours mental, nous allons continuer cette expérimentation.*

Vous avez, il n'y a pas longtemps mangé quelque chose de succulent, de vraiment bon, qui vous a apporté du plaisir, là encore, peu importe ce que c'est; cela vous appartient, c'est votre secret, il peut s'agir de quelque chose d'extrêmement simple ou banal, comme de quelque chose d'extrêmement précieux et sophistiqué,** cela n'a pas d'importance*** là encore, quand vous sentez ce goût dans votre bouche, qu'est-ce qui se passe?***

Qu'est-ce qui se présente?***

Avez-vous des images?*** Visuelles?**

Si oui, quelles sont-elles?**

Est-ce que ce goût évoque plutôt des perceptions auditives?*** Des bruits, des sons?*** des musiques?** ou au contraire, ou en même temps, des sensations tactiles, kinesthésiques?****

Peut-être qu'à ces goûts, ce goût, est associé une odeur, un parfum; là encore laissez-vous identifier.*** C'est véritablement la palette de vos perceptions que je vous invite à développer,*** nous en reparlerons encore tout à l'heure.***

Je vous propose maintenant la dernière expérience*** mais juste avant, pour vous changer les idées, imaginez que dans ce lieu tranquille et sûr, où vous vous trouvez, vous pouvez vous promener, prenez notion de l'espace, de la pureté de l'air, de la qualité de la lumière*** de la sécurité qui existe à l'intérieur de vous-même*** cette sécurité qui installe, jour après jour, une confiance profonde au sein de toutes ces sensations*** au cœur de toutes ces sensations plutôt**** finalement, la vie est belle quand on sait utiliser tous les outils et les potentiels qui nous ont été donnés.***

Alors que vous revenez tout à fait calmement vers l'endroit où vous étiez installé précédemment, évoquez un parfum, une odeur, quelque chose que vous aimez** laissez venir les images qui sont associées à ce parfum, à cette odeur,*** est-ce encore du visuel?*** ou est-ce qu'il y a des sons,* des bruits dans le tableau?** Cela peut être l'un et l'autre.**

Y a-t-il des sensations corporelles, tactiles?** Y a-t-il une odeur dans l'odeur qui vous renvoie à une autre odeur, à un autre parfum?*** Prenez le temps d'évoquer, de vivre et de ressentir, toute la richesse des outils qui sont à votre disposition pour appréhender la vie.****

Prenez aussi le temps de vous remercier vous-même, vous remercier de prendre du temps pour vous.***** Vous vous souviendrez parfaitement de toutes les informations que vous avez reçues dans cet exercice.**** Sensations que vous allez utiliser chaque jour davantage pour mieux mémoriser.***

Quand vous le voulez, quand vous en avez envie, vous pouvez sortir de ce rêve éveillé, en vous étirant, en sentant tous les muscles de votre corps, toutes les parties de vous-même unifiées, toniques, l'esprit clair, détendu, heureux et heureuse de vivre et prêt à faire face à toutes les tâches qui vous restent à accomplir aujourd'hui. Quand vous en aurez envie, ouvrez les yeux, prenez une feuille de papier et notez tout ce qui s'est passé pour vous pendant cet exercice et dont vous vous souvenez. C'est à partir de là que vous pouvez commencer à construire votre modèle et votre itinéraire mental.

# INSCRIPTION MÉMOIRE

→ A tous
NTP
OR Se familiariser avec la conversion des canaux sensoriels.
↗ La flexibilité de perception sensorielle est une richesse.

*Vous avez identifié les séquences sensorielles avec lesquelles vous fonctionnez. Vous savez donc ce qui se présente en premier sur votre écran mental, selon que c'est visuel, auditif, kinesthésique ou olfactif et gustatif. À partir de là, vous avez conçu un modèle qui décrit la chronologie de ces séquences, car elles ne sont pas obligatoirement dans l'ordre où je viens de les énoncer, c'est-à-dire qu'elles ne sont pas obligatoirement visuelles, auditives, kinesthésiques et olfactives. Elles peuvent être dans d'autres formes, elles peuvent être associées, le panachage vous appartient, c'est à vous d'identifier quelle est votre manière de percevoir le monde qui vous entoure.*

Je vous propose maintenant de prendre un texte, ou quelque chose que vous avez à mémoriser, cela peut être aussi bien une image qu'une carte de géographie, qu'un tableau, qu'une liste de vocabulaire, quel qu'en soit le sujet; cela peut encore être une partition de musique.*** Bien.* Une fois que vous avez préparé devant vous le sujet**** établissez le calme dans votre esprit.** Si vous avez un signe-signal tel que joindre les trois doigts de la main qui ne vous sert pas pour écrire, c'est-à-dire la main qui n'est pas directrice, faites ce signe-signal** ou autrement, simplement,* laissez-vous aller dans une situation de calme,* peut-être que vous pouvez simplement vous souvenir... des moments de calme développés dans les autres exercices.*** Laissez s'installer dans votre corps,* dans votre esprit,* les sensations qui étaient associées avec le calme,** la détente, la confiance** confiance en vous-même, confiance dans les objectifs que vous avez choisis pour votre vie, confiance dans votre aptitude à atteindre ces buts.**** Quand ce calme est là, vous pouvez, si vous avez fermé les yeux, les rouvrir** et commencer à appréhender ce que vous avez à mémoriser, commencez avec votre dominante sensorielle, c'est-à-dire convertissez, associez tout ce que vous avez à mémoriser en termes de visuel, si vous êtes d'abord visuel ou en termes auditifs si vous êtes auditif, en images tactiles, sensorielles si vous êtes kinesthésique et tactile ou en olfactif si vous êtes olfactif.

Commencez avec la dominante. Vous lisez ce texte, vous l'appréhendez et si nécessaire vous fermez les yeux et vous convertissez tout cela dans la dominante sensorielle qui est la vôtre, c'est-à-dire ce qui vient en premier.**** Une fois que vous avez fait cela, reprenez ce que vous avez à mémoriser et transformez-le, traduisez-le avec votre deuxième séquence sensorielle, ce qui vient juste après la dominante* il est probable que ce sont des images plus rapides qui s'associent aux premières.****** La troisième dominante sensorielle vient généralement compléter, souligner, apporter plus de netteté aux deux premières et c'est quelquefois simplement un saupoudrage de quelques détails, de quelques accessoires supplémentaires. Laissez venir maintenant cette troisième séquence sensorielle.**** Une fois que cela est terminé* projetez-vous dans le futur; vous pouvez fermer les yeux, retrouver votre état de calme** vous pouvez à nouveau rejoindre les trois doigts en disant mentalement, je me souviens**** projetez-vous maintenant dans le futur au moment où vous vous souvenez parfaitement de ce que vous venez de mémoriser.*** Laissez-vous goûter toute la joie, et tout le plaisir qui baigne ce moment où vous retrouvez ce que vous venez de mémoriser.****

Laissez revenir à votre esprit les différentes séquences sensorielles, la dominante d'abord*** puis la deuxième séquence** et enfin la troisième.*** Vous savez que vous avez des boutons, vous pouvez les utiliser,**vous pouvez amplifier ou diminuer si nécessaire les sensations, pour apporter encore plus de relief, encore plus de netteté*** pour régler la bonne tonalité*** pour affiner le parfum.**** Ressentez la confiance, cette confiance profonde qui vous habite, confiance dans l'utilisation des outils qui vous appartiennent.*** Sentez le plaisir, la joie d'avoir réussi.*** Peut-être qu'il y a des visages, des regards, des paroles qui vous sont dites*** pour vous féliciter, vous encourager.*** Ces regards, ces sensations, ces paroles viennent de personnes importantes pour vous, que ce soit des personnes que vous connaissez réellement, ou que ce soit des personnes dont vous aimeriez être vraiment reconnu.*** Prenez le temps de goûter le plaisir et la joie d'avoir atteint votre but et votre objectif.**** C'est bon de profiter du plaisir de quelque chose qui va venir et vous avez le droit d'en profiter dès maintenant.**

Comme vous avez terminé l'exercice, n'oubliez pas de vous remercier d'avoir pris du temps pour vous, pour mieux vous comprendre, mieux vous connaître et mieux vous aimer.*** Cet exercice peut paraître un petit peu lourd, mais imaginez tout ce que vous allez pouvoir gagner, quand vous allez mettre cela en pratique, spontanément, instinctivement, à chaque fois que vous avez quelque chose à mémoriser.*** Vous allez parler votre langue.* Ce que vous devez mémoriser, vous allez le traduire dans votre langage sensoriel qui n'appartient qu'à vous,* ainsi, il pourra s'inscrire dans votre mémoire et être restitué au moment où vous en avez besoin.* Il vous suffira pour cela de retrouver les images sensorielles qui vous ont servi à le stocker, à l'appréhender et ainsi vous pourrez l'évoquer à nouveau chaque fois que vous en aurez besoin*** que cela sera approprié pour vous.***

Dès que vous le voulez, vous pouvez ouvrir les yeux, l'esprit clair, reposé, détendu, heureux et heureuse de vivre et prêt à faire face à toutes les tâches qui vous restent à accomplir aujourd'hui, tout à fait tonique.

## PALETTE D'OUTILS

→ A tous

NTP

OR S'approprier les outils disponibles pour optimiser la mémoire.

✎ La maîtrise des outils est un jeu créatif qui muscle la concentration.

*C'est de l'agilité avec laquelle vous manierez les outils que dépendront vos progrès en concentration et donc votre mémoire. Multipliez les expériences pour vous-même, proposez cette gymnastique mentale aux enfants en gardant une attitude respectueuse des personnes et néanmoins remplie d'humour.*

Le moment est venu d'expérimenter la palette d'outils. Pour cela, commencez par la première étape, première phase qui consiste à installer, très rapidement, le calme et cet état mental qui vous permet de mémoriser*** je vous propose de joindre les trois doigts de la main qui n'est pas votre main directrice, et d'un seul coup,* très rapidement,* de vous laisser plonger,** plonger complètement dans cet état de détente,* de relaxation, que vous connaissez, qui vous appartient.***

La respiration est calme, lente, régulière.** Imaginez maintenant que vous allez actionner l'interrupteur de votre écran mental* vous êtes dans cette situation de calme avec votre écran intérieur, ce lieu où vous pouvez vivre des sensations et des images aussi bien visuelles qu'auditives, kinesthésiques ou olfactives.**

Prenez le temps de voir comment s'installe cet écran mental.**

Est-ce que c'est une scène de théâtre?** Est-ce que c'est un lieu particulier?** Il est clair que de toute façon il se situe dans ce lieu tranquille et sûr qui n'appartient qu'à vous.*** Maintenant que votre écran mental est allumé,* laissez se dérouler devant vous une scène qui a du sens pour vous.** Je vous propose de ne pas choisir une scène qui soit trop impliquante, prenez simplement une scène de la vie quotidienne, si vous êtes étudiant, ça peut être un cours** ou une séance de sport, ou un moment de loisir.**

Laissez se dérouler la scène.**** Dans quelques secondes, je vais vous donner un top.*** À ce top, faites un arrêt sur image,* immobilisez l'image sensorielle, quelle qu'elle soit, qu'elle soit visuelle, auditive, kinesthésique ou olfactive, gardez-la présente.*** Si c'est une image de la scène, bloquez-la, bloquez les personnages dans l'immobilité, ils n'auront pas de problèmes, même s'ils sont sur un pied*** comme suspendus. S'il s'agit d'un son, maintenez-le** si c'est un son long, il peut être en continu, si c'est un son bref, il peut se reproduire indéfiniment, comme un disque rayé,* tel que vous l'avez entendu la première fois.** C'est très bien.**

Prenez maintenant le temps d'identifier quels sont les canaux sensoriels qui sont vraiment présents dans cet arrêt sur image,** comme si vous pouviez passer d'un canal à l'autre; il y a deux canaux qui sont en compétition quelquefois, le visuel et l'auditif.**** Prenez des notes sensorielles.***** Je vous propose de libérer l'image et de continuer dans votre scène.*** Accédez aux boutons qui concernent les sentiments.** Nous avons quatre grandes familles de sentiments : la joie, la tristesse, la colère et la peur. Identifiez le sentiment présent.** Bien sûr, dans une scène de la vie quotidienne, c'est un sentiment très fugitif et souvent très dilué,** êtes-vous plutôt dans la peur, dans la joie, dans la tristesse, ou plutôt dans la colère?**** Il n'y a pas de mauvais sentiments, mais chaque sentiment a un bouton qui vous permet d'amplifier ou de diminuer son intensité,** c'est rare que l'on puisse l'éteindre complètement.*** Heureusement d'ailleurs, car nous avons besoin de ces émotions pour être réactif dans la vie.** Donc, réduisez, expérimentez la réduction des sentiments qui vous apparaissent comme négatifs, compte tenu de la scène dans laquelle vous êtes. Je veux dire par là que si vous êtes dans une scène où il faut être très sérieux, il ne faut pas que la joie soit trop expressive. Par contre si vous êtes dans un moment où on est au contraire dans l'expression de la joie, et que vous vous sentez triste, diminuez la tristesse et augmentez le bouton de la joie. Réglez les émotions en fonction de la scène que vous vivez.***** Dès que cela vous paraît juste, faites un arrêt sur image, c'est-à-dire immobilisez la situation, pour évaluer ce qui vous paraît bien comme ça.*** C'est bien.*** Libérez cette image et laissez-la partir.*

Je vous propose maintenant de faire une expérience de retour arrière. Cela consiste à arrêter maintenant ce qui se passe et à remonter en arrière pour retrouver une scène qui vient de se passer, une séquence. Si vous êtes par exemple dans un transport en commun, que vous avez vu une scène se passer sur la voie publique, interrompez votre pensée dans le présent** revoyez se répéter plusieurs fois de suite la scène que vous avez vue tout à l'heure dans le passé*** là encore, identifiez les canaux sensoriels avec lesquels vous fonctionnez.*** C'est bien.* Gardez votre scène telle qu'elle se présente,* faites l'expérience d'isoler et de sélectionner, dans cette scène et dans ce lieu, avec l'une de vos mains, formant un petit tunnel comme un objectif*** sélectionnez dans la scène les images ou les éléments que vous voulez garder,**** déplacez votre regard,* focalisez sur différents détails de la scène.*** Généralement, ça fait plisser les yeux pour voir plus net et pour isoler.*** Très bien.*

Très vite, vous allez pouvoir associer et combiner ces différentes opérations, c'est-à-dire que vous allez pouvoir construire vos images.*** Faire des arrêts sur image, des retours arrière, éventuellement modifier les images.***

C'est à partir de là que vous pouvez utiliser les fonctions empruntées à l'informatique que sont couper, copier, coller. C'est-à-dire que vous pouvez prendre des scènes, dans un domaine, faisant partie d'un tableau, les isoler et les associer avec une autre scène, dans un autre domaine qui s'est passé dans un autre espace-temps. Pour être plus clair, imaginez que vous jouez un match de foot avec vos amis et que vous gagnez,* vous marquez des points,** vous mettez des buts,* dans cette situation, il y a une grande exaltation, une grande joie* beaucoup d'énergie physique; vous pouvez isoler cette image,* la mémoriser, la stocker, et l'associer par exemple, à la préparation d'un examen qui se passera dans un autre espace-temps.*

C'est-à-dire que vous allez vous voir préparer l'examen, éventuellement être dans la salle d'examen en train de passer l'épreuve, vous pouvez associer à cette scène du passage de l'examen toute l'énergie, et tout ce qui se passe dans la scène dans le match de foot,*** vous allez utiliser les ressources accumulées dans un lieu de loisir avec beaucoup d'enthousiasme dans une autre situation qui est peut-être moins joyeuse,** mais qui finalement, dans le long terme, vous apportera aussi une très grande satisfaction,*** et un sentiment de victoire. Vous allez utiliser le lien qui est le plaisir de la victoire et de la réussite dans une nouvelle scène; le « couper », « copier », « coller », prendre comme un paragraphe dans un texte une scène, un ensemble, un tableau et le déplacer dans un autre texte, un autre ouvrage, un autre lieu. Expérimentez sur des choses simples, comme par exemple le plaisir du petit déjeuner, si c'est un moment agréable dans votre vie** ou un moment de détente que vous pouvez avoir avec des amis, quand vous prenez un café, au bistrot** vous isolez cette scène*** vous allez aller la revivre en même temps que vous vivez quelque chose qui d'habitude est moins agréable*** et vous verrez que cette scène d'habitude moins agréable, va devenir plus agréable,* parce que vous avez réussi à y associer un souvenir, une émotion, une situation, dans lequel il y a de la ressource, du plaisir.*** Une fois que cela est fait, vous pouvez faire ce qu'on appelle un ancrage.*

Nous vous parlons depuis le début de ces exercices du signe-signal. Le signe-signal est un moyen d'associer sensoriellement, donc d'avoir une fixation kinesthésique à disposition. Il consiste à joindre le pouce et deux doigts de la main non directrice, là vous pouvez ancrer*** c'est-à-dire créer, comme un réflexe conditionné,* l'émergence du souvenir agréable ou de l'état de ressources au moment où vous en avez besoin.* Nous vous invitons chaque fois que cela est possible à le réactiver, pour le charger au maximum de ressources positives comme on chargerait une batterie.***

## LE MAGICIEN

→ Aux enfants
NDC
OR Apprendre aux enfants qu'ils peuvent se relaxer tout en développant leur schéma corporel.
⸕ Tu peux choisir ce que tu ressens dans tes membres.
⚠ A ne pas utiliser pour endormir réellement l'enfant.

*Comme dans la plupart des exercices pour enfants, le contrat pour obtenir le consentement va être de proposer à l'enfant de faire « comme si ». On ne donne pas d'ordre, on propose à l'enfant de jouer et c'est sous*

> *forme de jeu que l'on fait entrer l'enfant dans un exercice qui le mènera à la découverte de son corps et à un plus grand équilibre à l'intérieur de lui-même. L'animateur fait « comme si » il était un magicien et l'enfant, allongé sur le sol dans une position confortable, les yeux ouverts, fait « comme si » il était une marionnette que le magicien va endormir.*

Je suis un bon magicien et je vais endormir différentes parties de ton corps. *Le thérapeute fait alors des gestes un peu théâtraux et dit d'une voix douce en posant ses doigts sur les yeux de l'enfant :*

Je ferme tes yeux.**

Les deux petites fenêtres de ton visage. Tes yeux s'endorment. Je sais que le reste de ton corps est encore bien réveillé.**

Je caresse tes joues.*

Et tes joues vont s'endormir.**

Maintenant, d'un coup de baguette magique, je vais toucher ton bras droit et immédiatement tu vas le sentir s'endormir.*

Devenir tout mou, comme s'il était en chiffon. *A ce moment-là, le magicien touche avec le doigt ou avec une règle, d'une manière ferme, le bras de l'enfant.*

Et maintenant je vais endormir ta main.** *Il touche la main de l'enfant. Il peut faire un peu d'humour en disant qu'il y a un doigt qui s'est mal endormi et qu'il faut qu'il retouche pour qu'il s'endorme complètement.*

Je touche ton bras gauche et tu le sens qui s'endort.*

Il s'endort, c'est très agréable.**

Toi, tu es bien réveillé mais il y a maintenant ton visage et tes deux bras qui s'endorment. Toi, tu es encore très attentif et tu vois tes bras qui s'endorment parce que tu as voulu qu'ils s'endorment et que le magicien les a touchés.***

Je touche ta poitrine et elle s'endort.**

Je touche ton ventre et tout ton ventre et tout ce qu'il y a dedans s'endort.***

Je touche tes jambes *(il faut toucher juste au-dessus du genou)* et tes jambes s'endorment.

Je touche ton pied droit et tout d'un coup tu sens tout le sommeil qu'il y a dedans.**

Je touche ta jambe gauche et elle s'endort.**

Je touche ton pied gauche et il s'endort.**

Et maintenant que toutes les parties de ton corps sont endormies et que je sais que tu m'écoutes, je vais te chanter une petite chanson pour que tu te sentes bien dans tout ton corps, comme on le fait pour un enfant qui s'endort vraiment.***

> *C'est le moment de lui chanter une petite chanson inventée dans laquelle il y a une suggestion sécurisante appropriée à la situation qu'il a à affronter.*
>
> *Cet exercice est aussi utilisé pour inviter l'enfant à exprimer des choses qu'il appréhende dans sa vie réelle. Il suffit pour cela « d'endormir » tout le corps et de ne laisser « éveillées » que la tête et la bouche. Cela lui permet d'exprimer dans un état de calme ce qui le préoccupe.*
>
> *En ce qui concerne la reprise, le magicien dit simplement : maintenant, je vais réveiller petit à petit le pantin. Il touche à nouveau les différentes parties du corps en commençant par les pieds et demande à l'enfant de montrer qu'il est bien réveillé, de bouger doucement les pieds.*
>
> *L'enfant est très attentif à la survenue du geste suivant et il est important de le laisser gagner en ne le surprenant pas et en annonçant à l'avance la partie du corps que l'on va toucher.*
>
> *Certains enfants plongent dans un état de transe très profond, ce qui est tout à fait bénéfique, mais peut surprendre un thérapeute faisant l'exercice pour la première fois.*
>
> *Il est important d'inciter l'enfant à bouger progressivement et lorsque les deux jambes ont été réveillées, de fléchir les genoux l'un après l'autre puis de lever un bras, puis l'autre bras. On terminera en touchant les deux globes oculaires à travers les paupières, en disant*

*magistralement : « Ça y est, tu es tout à fait réveillé, l'esprit tout à fait clair. »*

*Il est aussi possible d'utiliser cet exercice pour donner une suggestion post-hypnotique à l'enfant sous forme d'un secret que lui confie le magicien ou d'un titre qu'il lui donne. L'enfant qui termine cet exercice avec l'impression d'avoir gagné quelque chose le refera avec plaisir et sera renforcé dans sa confiance en soi.*

## LE CHAUDRON

→ Tout public.
NST
OR Valoriser un état d'esprit de prospérité.
✎ Tous les actes de la vie quotidienne participent au résultat final que nous obtenons.

Transportez-vous dans un paysage de montagnes, très haut.***

Dans les nuées, près du ciel.*****

Dès que vous êtes installé dans ce paysage, vous en visualisez tous les détails, très précisément.*****

Prenez le temps de voir les couleurs.**

Les odeurs, les parfums.***

Les sons.**

Proches ou lointains.***

Appréciez la qualité de la lumière.***

La pureté de l'air.*****

Alors que vous vous promenez dans ce lieu, prenez le temps de ressentir la fermeté du sol sous vos pieds.***

Puis vous décidez de trouver un endroit sûr pour faire du feu. Vous prenez soin de toutes les exigences de la sécurité. Et vous commencez à faire la récolte du bois.*****

Chaque élément de combustible que vous ramassez, prenez conscience de son poids, de sa forme, de sa texture.****

Remarquez comment vous choisissez les matériaux combustibles.***

Il y a des choses qui brûlent et se transforment en chaleur, d'autres qui ne changent pas.***

Alors que vous accumulez de plus en plus de matériaux combustibles, c'est-à-dire faits pour transmettre leur énergie de cette manière, vous ressentez la joie et le plaisir de préparer quelque chose.*****

Vous avez accumulé suffisamment de combustibles pour que le feu puisse tenir longtemps.**

Vous avez des réserves.****

Avant d'allumer le feu, vous installez dessus un chaudron.* Une sorte de creuset dans lequel vous mettez le produit de tout votre travail du jour.*

Tout ce qui représente votre travail professionnel.**

Dans ce creuset, mettez les images de votre bureau, les actes accomplis dans votre profession, les appels téléphoniques, les transactions, tout ce qui est synonyme de votre activité, de votre travail productif.******

Le feu est maintenant allumé.

La vapeur et le scintillement de l'air au-dessus du chaudron vous indiquent que ce que vous avez mis dedans se transforme.*****

Comme si cela se mettait à fondre.****

Continuez à remplir ce chaudron de toutes les images et de tous les actes qui vous ont permis d'arriver au niveau professionnel où vous êtes actuellement : vos études, vos diplômes, les différentes épreuves que vous avez eu à vivre, les gains, les erreurs, tout ce qui a fait ce que vous êtes professionnellement aujourd'hui.*****

Si vous le voulez, vous pouvez aussi y mettre de l'argent, parce que l'argent aussi, sous forme d'investissements, collabore à la réussite.*****

Le chaudron commence à bien chauffer maintenant et tout ce que vous avez mis dedans se transforme en une surface scintillante, brillante.***

Tout cela s'unifie et se liquéfie.*****

Votre regard est proche du rebord du chaudron et vous sentez la chaleur de cette énergie qui se transmet entre le feu et le chaudron.******

Dedans, ce liquide brille.***

Il devient progressivement, dans votre champ visuel, un très grand lac.*****

Un lac entouré de montagnes.**

Un lac qui a des limites. Ces limites, vous les voyez bien précisément.

Elles sont celles que vous vous fixez.****

Elles peuvent être petites.***

Comme elles peuvent être immenses.****

Mais il y a des limites.****

Vous voyez ces limites.****

Vous avez la vision d'une limite autour de ce lac.***

Ce lac de montagne est chaud et brillant. Et, si vous le souhaitez, vous pouvez vous y baigner avec ceux que vous aimez.******

Vous pouvez boire ce liquide.***

Vous découvrez qu'il vous désaltère.**

Et qu'il a un goût agréable.**

Si vous avez faim, il vous nourrit.***

Vous sentez ses qualités nutritives.****

Il est source de croissance.****

Vous sentez qu'il nourrit vos cellules et qu'il vous permet de continuer votre croissance.*****

Il circule dans vos veines.***

Quand vous vous immergez dans ce lac, vous sentez ce liquide aller dans les parties les plus intimes de vous-même.****

Il dépend de vous de l'utiliser positivement.***

Vous pouvez le sentir dedans et dehors en même temps.***

Il est abondance.*****

Il vous unit avec tous ceux qui vous entourent dans ce lac immense.*****

Et même, si vous ne les voyez pas tous, vous devinez que vous y êtes nombreux à en partager les ressources et les richesses.******

Cette richesse liquide vous apporte la santé.**

C'est aussi le fruit de votre travail au jour le jour.*****

Vous acceptez cette énergie et si vous le voulez, vous pouvez méditer quelques instants sur toutes les images qui viennent maintenant, elles vous appartiennent.*****

Remerciez-vous vous-même d'avoir pris du temps pour vous et pour reconnaître votre travail.

# LE MÉTIER RÊVÉ

→ A ceux qui veulent accroître les facultés nécessaires pour atteindre leur objectif professionnel.
NTP
OR Créer un comportement compatible avec le nouveau métier.
✎ Le paraître est sur le chemin de l'être.
⚠ La pensée magique.

Vous êtes maintenant parfaitement relaxé.**

Votre respiration est libre et régulière.****

Vous vous imaginez en train de dormir.****

Je vais compter de 1 à 3 et à 3 vous vous réveillerez et vous vous verrez dans une vie différente.**

Dans un rôle différent de celui que vous avez dans la vie actuelle.***

Vous allez enfin pouvoir réaliser ce dont vous rêvez depuis très longtemps.*

Le jour est arrivé.*

Vous allez le vivre.*

Et vous allez pouvoir agir dans ce nouveau rôle.***

Ça y est, vous êtes maintenant aux commandes pour faire ce que vous voulez faire.****

1 : *. 2 :*. 3 :*.

Cette journée commence, voyez les choses que vous faites dès le début de la journée.****

Votre toilette et votre tenue ce matin sont en rapport avec ce nouveau rôle.*****

Peut-être aussi que dans ce nouveau rôle, votre petit déjeuner est différent, plus nourrissant ou plus léger. Vous vivez les sensations liées à ce petit déjeuner.*****

Ce nouveau métier va commencer par une matinée d'apprentissage.*

Vous vous voyez vous préparer psychologiquement et en termes de connaissances pour ce nouveau métier.*****

Vous vivez chaque geste dans tous ses détails, avec une très grande précision.*****

Une foule de sensations nouvelles se présentent à vous. Laissez-vous les vivre, les explorer et découvrir ce qui est agréable dans ce nouveau rôle.******

Vient maintenant le moment de l'action. Vous avez maintenant acquis tous les éléments d'apprentissage nécessaires et vous pouvez commencer à agir pour ce nouveau métier, dans cette nouvelle activité.******

Ressentez les nouvelles responsabilités que vous portez.****

Vous avez des décisions, des choix à faire.*****

Ces différentes fonctions sont très précises et vous les percevez avec une grande clarté.*****

Vous avez maintenant à entreprendre des négociations avec des partenaires ou avec des personnes avec qui vous travaillez, peut-être même que ce sont vos clients.*****

Laissez-vous trouver un point d'accord où tous autour de vous sont gagnants.******

Ressentez la joie de participer à une opération dont tout le monde sort fortifié et valorisé individuellement.****

Vous êtes tous des gagnants.***

Arrive maintenant le moment où vous récoltez le produit de vos efforts et de ce nouveau métier. Laissez-vous vivre toutes les sensations positives de cet instant, sans vous soucier de comment vous y êtes arrivé.****

Quelle que soit votre façon de visualiser cette récolte, imaginez-vous en train de récolter comme un cultivateur engrange ses récoltes avec l'anticipation de ce que cela représentera financièrement ou en termes de bien-être.*****

Arrive le moment où vous choisissez de dépenser une partie de cette récolte. Laissez-vous vivre maintenant comment vous utilisez le produit des fruits de cette récolte.******

Il se peut que maintenant le sommeil vous gagne et si vous souhaitez rester vigilant, il vous suffit de bouger légèrement le bout des doigts pour rester parfaitement éveillé.****

Vous avez récolté, vous avez dépensé, laissez-vous percevoir la part que vous voulez épargner et peut-être la part que vous voulez partager avec votre entourage. Cette part peut être financière mais aussi en termes de signes de reconnaissance, d'appréciation. Donnez-vous un temps pour redistribuer à chacun ce qui vous semble être juste.******

Maintenant, vous voyez d'une vision large cette nouvelle activité. Laissez-vous ressentir la confiance.***

Confiance en vous-même.***

Confiance dans les buts que vous vous êtes choisis pour votre vie.****

Confiance dans votre aptitude à atteindre ces buts.*****

Vous connaissez bien ce métier et ce processus va se reproduire demain.****

Imaginez que vous rentrez chez vous maintenant depuis votre lieu de travail.**

Vous avez quitté ce lieu avec l'enthousiasme d'un nouveau projet et sur le chemin du retour vous profitez de quelques instants pour apprécier le travail accompli.**

Un travail bien fait.*

Laissez-vous sentir toutes les sensations agréables d'avoir accompli ce qui faisait sens pour vous.

S'il y a des personnes ou des êtres vivants qui vous attendent dans votre maison, autrement des voisins, des amis, voyez-vous partager avec eux ce que vous avez vécu dans la journée.****

Laissez-vous voir leur visage, entendre leur voix, peut-être que vous partagez une petite célébration ensemble. Ils vous félicitent, ils vous encouragent, ils vous soutiennent. Laissez-vous ressentir la joie de ce moment.****

C'est maintenant le moment de vous coucher pour passer une nuit paisible, emplie de rêves sereins.***

Pour dormir d'un sommeil profond et réparateur. Laissez-vous imaginer les sensations de ce moment où vous faites un dernier bilan de cette journée.

Et maintenant, avant de sombrer dans un vrai sommeil, si vous ne le souhaitez pas, gardez cette possibilité pour ce soir et revenez très progressivement à la tonicité. Quand vous ouvrirez les yeux tout à l'heure, votre esprit sera clair, reposé, détendu, heureux de vivre et prêt à faire face à toutes les tâches qu'il vous reste à accomplir aujourd'hui.

## ÉTAT PERMÉABLE LES YEUX OUVERTS

→ Élèves, conférenciers.
NTP
OR Permettre l'utilisation d'un état modifié de conscience les yeux ouverts.
⚲ Conditionner l'ouverture des yeux avec la concentration.
⚠ La relation transférentielle entre le sujet et le thérapeute doit être bonne. Ne pas oublier de désactiver en fin d'exercice.

*Cet exercice permet d'augmenter la concentration et d'utiliser les réactions analogiques dans un travail actif, les yeux ouverts.*

Vous avez les yeux ouverts, regardez un point fixe devant vous.**** Prenez une profonde inspiration.** A l'expiration, remarquez comme votre vision s'améliore.*** Elle devient de plus en plus précise et de plus en plus nette.*** Recommencez cette respiration trois fois de suite. 1 :***. 2 :***. 3 :***.

Maintenant, quand vous le voulez, fermez les yeux et gardez en vous-même la mémoire de cette vision et de ce point très précis et très clair que vous avez devant vous.**** Votre respiration est calme, lente, régulière.**** Et avec chaque respiration vous sentez le calme qui s'installe en vous.*** Pour approfondir votre relaxation, vous allez compter jusqu'à 3 et à 3, vous ouvrirez les yeux, cela approfondira votre état de relaxation. 1 :*. 2 :*. 3. Ouvrez les yeux!* Votre vision est claire.* Votre vision est claire, votre regard est précis.*** Maintenant, fermez à nouveau les yeux et prenez conscience de cette sensation merveilleuse de relaxation de tous les muscles autour de vos yeux.**** Vous pouvez mémoriser cette sensation agréable au moment ou vous avez fermé les yeux, tout à fait détendu.** Vous savez que vous pourrez éprouver cette sensation agréable aussi bien en ouvrant les yeux qu'en les fermant.*** Comptez jusqu'à 3, à 3 vous ouvrez les yeux et vous les gardez ouverts aussi longtemps que vous le désirez sans perdre cet état de relaxation qui s'est maintenant parfaitement établi en vous.* 1 :*. 2 :*. 3. Ouvrez les yeux et laissez-vous ressentir profondément cette sensation agréable d'avoir les yeux ouverts et d'être en même temps merveilleusement relaxé.***** Cette sensation de relaxation durera aussi longtemps que vous le désirez.** Si elle venait à faiblir, il vous suffirait de refermer les yeux quelques secondes et de faire ceci trois fois de suite.***

Maintenant, vous pouvez continuer vos activités en parfaite relaxation; dans cet état vous êtes particulièrement branché sur vos ressources intérieures, ressources créatrices, programmées par la réussite, le progrès, la croissance.** Vous pourrez créer cet état chaque fois que vous le désirerez, de plus en plus profondément.*** Si vous avez pris l'habitude, dans d'autres exercices, d'utiliser un signe-signal, vous pouvez, à chaque fois que vous rouvrez les yeux, faire ce signe-signal.

## EXERCICE DE CONCENTRATION N° 1

→ Tout public.
NTP
OR Augmenter la capacité de concentration.
↗ Associer les formes et les couleurs.

Prenez quelques instants pour vous installer confortablement dans votre fauteuil ou sur votre chaise, les pieds bien à plat sur le sol, les avant-bras sur les jambes ou sur le bord d'une table.**

Quand vous voulez, vous fermez les yeux, vous tirez volontairement le rideau sur vous-même.***

Votre respiration est calme, lente, régulière.**

Vous prenez conscience que vous avez un rendez-vous avec vous-même.**

Respiration calme, lente, régulière*, à chaque expiration vous vous relaxez davantage**. A partir de maintenant, tous les sons, tous les bruits que vous entendez autour de vous s'éloignent, sont sans importance.***

Je vous propose de vous transporter dans une salle tranquille.* Imaginez que vous avez devant vous un grand mur blanc.* Prenez le temps d'évaluer la taille de cette salle, d'apprécier la qualité de la lumière, les distances, la qualité de l'air.***

Alors que vous faites cela, prenez conscience des sensations agréables qu'il y a actuellement dans votre corps.** Peut-être un goût dans votre bouche.** Peut-être une sensation tout à fait particulière de calme et de détente au niveau de votre diaphragme*, la tension des épaules est complètement déliée.**

Devant vous, sur ce grand mur blanc, laissez se dessiner un carré jaune à bords marron et laissez-vous imprégner de cette couleur jaune à bords marron.***

Vous maintenez cette image dans votre esprit. Vous voyez cette image et cette image seulement.*

Si votre esprit s'égare, ramenez-le sans violence à ce carré jaune à bords marron.***

Sur ce carré, placez un cercle rouge à bords noirs et prenez le temps de vous imprégner de l'association de ces quatre couleurs.*** Vous pouvez maintenant voir les points jaunes du carré qui débordent autour du cercle.

Vous êtes tout à fait concentré. Prenez quelques instants pour percevoir à nouveau les sensations agréables dans votre corps.*** Peut-être que vous pouvez aller ressentir les sensations au niveau de vos pieds, de vos orteils, que vous ayez gardé vos chaussures ou que vous les ayez enlevées.*** Il est possible d'être présent dans cette partie de votre corps en même temps que vous voyez ce carré jaune à bords marron recouvert d'un cercle rouge à bords noirs.

Dans ce cercle, placez un triangle vert à bords bleus. Un triangle vert à bords bleus.***

Choisissez, si vous le voulez, de passer d'un coin du carré au centre du triangle, en prenant soin de vous laisser voir les couleurs qui s'allient ou qui s'affrontent*, du marron au jaune*, du jaune au noir*, puis au rouge pour aller au bleu et trouver enfin le vert.***

Maintenez cette image présente dans votre esprit et sur votre écran mental, tout à fait claire, tout à fait précise. Vous voyez cette image. Vous ne voyez que cette image.**

Prenez quelques instants pour ressentir en vous la confiance** : confiance en vous-même, confiance dans les buts que vous vous êtes fixés dans votre vie*, confiance dans votre aptitude à atteindre ces buts.* Confiance.**

Et, très progressivement, à votre rythme, laissez-vous revenir à la tonicité en respirant plus profondément.***

Quand vous ouvrirez les yeux tout à l'heure, votre esprit sera clair, reposé, détendu; vous serez heureux de vivre et prêt à faire face à toutes les tâches qu'il vous reste à accomplir aujourd'hui.***

Quand vous en avez envie, ouvrez les yeux et étirez-vous comme après une longue nuit de sommeil, d'un sommeil profond et réparateur.

# EXERCICE DE CONCENTRATION N° 2

→ Tout public.
NTP
OR Augmenter la capacité de concentration, favoriser la mémorisation.
✎ Visualisation de chiffres.

Vous êtes devant un tableau noir, comme un tableau d'écolier.** Sur ce tableau vous inscrivez le chiffre 5;* vous voyez très distinctement votre main dessiner un 5.*

Devant ce chiffre 5, vous placez un 2.* Vous voyez donc maintenant le nombre 25.*

A partir de maintenant nous allons accumuler des chiffres et vous allez vous en souvenir, tout simplement, par effet de concentration.***

Nous avons un 5, à gauche du 5 nous avons placé un 2.* A droite, nous plaçons un 6.* Devant le 2, nous plaçons un 3,* devant ce 3, nous plaçons un 7. A la fin du nombre, après le 6, nous plaçons un 0.* Maintenez ce nombre très précisément, très profondément dans votre esprit.**

Vous prenez une profonde inspiration et vous allez ouvrir les yeux.

Vous vous sentirez parfaitement clair, reposé et vous vous souviendrez parfaitement de ce nombre.*

Ouvrez les yeux et vérifiez que ce nombre est juste. Vous devez avoir 732 560.*

Bravo!

## LE CHRONOMÈTRE

→ Tout public.
NTP
OR Augmenter la capacité de concentration, favoriser la mémorisation.
Associer les images et les sons.

Installez-vous confortablement et quand vous le voulez, fermez les yeux.* Tout de suite vous visualisez un énorme chronomètre, comme ceux qui sont utilisés dans les jeux télévisés, avec une aiguille qui marque les secondes, bien visible et qui avance par saccades.**

Vous visualisez ce cadran très nettement.*

L'aiguille est actuellement immobile, à la verticale, prête à partir. Au top, elle partira et vous la suivrez très calmement avancer seconde par seconde.*

Attention! Top!

L'aiguille avance, vous la voyez très précisément avancer par saccades.

Votre esprit ne voit que cela.*

C'est très bien.

Maintenant vous entendez les tic-tac de ce chronomètre au même rythme.*

Vous voyez précisément ce chronomètre et vous entendez son tic-tac.**

Rien ne peut vous distraire, vous ne voyez que cela.*

Maintenez cet exercice d'abord pendant une minute, puis chaque jour un peu plus longtemps.*

Vous êtes parfaitement concentré.

## EXERCICE DE CONCENTRATION AUDITIVE

→ Tout public.
NTP
OR Augmenter la capacité de concentration, favoriser la mémorisation.
✎ Stimulation de la mémoire auditive.

C'est un exercice très simple; il vous suffit de vous concentrer sur le son que vous entendez et de le faire durer, durer, durer encore alors même qu'il s'est arrêté.

Je vais utiliser pour cela un bol de méditation tibétain dont le son dure longtemps. *(Vous pouvez utiliser un verre, une cloche.)*

Plus vous écoutez ce son, plus vous vous détendez, vous vous relaxez profondément et plus votre mémoire s'améliore de jour en jour.

Voilà, je vais faire résonner le bol. *(Production du son.)*

Faites durer ce son comme si vous le chevauchiez.

Maintenez-le présent dans votre mémoire.

# LA MÉMOIRE

→A ceux qui souhaitent développer leur mémoire.
NTP
OR Stimuler la mémoire à travers les sensations plutôt que l'intellect.
La mémoire est la permanence du présent dans le passé. Il est donc indispensable d'être « présent ».

Je vous propose maintenant de laisser revenir dans votre esprit un événement agréable d'un passé récent, peut-être la semaine dernière ou le mois dernier.****

Prenez le temps de vous imaginer dans le lieu où se passe ce moment agréable.***

Laissez-vous voir les couleurs de la scène*, les formes*, les visages*. Peut-être qu'il y avait des personnes, voyez les regards.***

Laissez-vous entendre les voix*, les sons*. Peut-être qu'il y avait des sons particuliers ou de la musique**. Peut-être que des paroles précises vous ont été dites.****

Laissez-vous sentir les sensations de votre corps.*****

Prenez le temps de retrouver vos sensations dans vos vêtements**, dans vos chaussures peut-être*, la température*, la qualité de l'air*, peut-être qu'il y avait des parfums***, des odeurs liés à cet événement, à cette scène***.

Peut-être qu'il y avait des goûts et que vous avez mangé quelque chose.***

Laissez-vous aussi percevoir toutes les autres sensations et perceptions.**

Est-ce que cela a duré longtemps*? Pas assez longtemps*? Trop longtemps*?

Comment avez-vous perçu l'espace? Laissez-vous ressentir toutes les émotions agréables de joie**, de satisfaction en rapport avec cet événement.**

Ce souvenir est très précis maintenant*, très net*, vous êtes vraiment dedans et il vous appartient.***

Peut-être qu'il y a des éléments, des détails de la scène qui apparaissent maintenant pour vous et que vous n'aviez pas remarqués au moment où vous étiez là.****

Laissez-vous découvrir ces détails nouveaux pour vous et permettez-vous de les intégrer.**

Et alors que vous vivez et réactivez toute cette réserve d'informations et de souvenirs agréables, prenez conscience que tout a été enregistré dans votre mémoire et que vous pouvez très facilement y accéder chaque fois que vous en avez besoin.

Votre mémoire est organisée comme un magnétophone qui stocke absolument toutes les informations, même celles que vous n'avez pas pu observer, étant vous-même impliqué dans l'action*. Tout est là.***

Prenez quelques instants pour ressentir de la confiance*, peut-être même de l'amour pour votre mémoire***. Quel merveilleux outil!*

Bien sûr, plus vous êtes présent dans un événement, plus les informations sont précises et nettes.***

Actuellement, pendant cet exercice, en étant bien présent à toutes les sensations qu'il y a dans votre corps, vous êtes en train de stocker, de mémoriser le processus de fonctionnement de votre mémoire***. Si vous voulez que ce fonctionnement soit tout à fait efficace, mémorisez toutes les sensations que vous avez dans votre corps***. Sensations visuelles*, auditives*, tactiles*, gustatives* ou toute autre forme de sensations que vous pouvez imaginer.***

Pour retrouver le contenu de ce qui vous est dit, il vous suffira d'accéder à nouveau à ces sensations.**

Imaginez que vous avez à préparer un discours ou un examen*. Imaginez-vous dans votre lieu de travail, à l'endroit où vous faites cette préparation*.

Prenez le temps de sentir le document entre vos doigts*. Peut-être qu'il a un poids*, une texture particulière*. Peut-être que c'est un livre ou simplement une feuille de papier.***

Prenez le temps de sentir les sensations dans vos yeux alors que vous lisez ce texte et que vous voyez le dessin formé par la différence entre les parties imprimées et les parties blanches***. Si c'est une écriture manuscrite, les petites ratures ou les formes spécifiques de cette écriture.**

Lisez ce texte, d'abord graphiquement puis seulement après en vous imprégnant du sens.***

Soyez en contact avec les sensations qu'il y a dans votre bouche*, avec la qualité de la lumière qui vous entoure*, avec la texture du papier*, avec le son que fait ce papier quand vous le bougez.***

Associez toutes ces sensations à la lecture de ce texte.**

Quand vous aurez besoin d'accéder à nouveau à ce texte, il vous suffira de retrouver les sensations, d'être en contact avec l'une de ces sensations pour qu'instantanément le contenu de ce texte soit présent, tout à fait clair à votre mémoire.***

Je vous propose actuellement d'être en contact avec les sensations de calme et de détente dans votre corps* et d'y imprimer, d'y associer une phrase dont vous vous souviendrez :* « Ma mémoire s'améliore de jour en jour, à tel point que je me souviens de ce qui convient au moment opportun. »*** Vous vous répétez cette phrase mentalement.

Laissez chaque mot s'imprégner comme dans vos cellules : « Ma mémoire s'améliore de jour en jour, à tel point que je me souviens de ce qui convient au moment opportun. »

Et laissez-vous ressentir la *confiance**. *Confiance* en vous-même**, *confiance* dans les buts que vous vous êtes fixés pour votre vie*, *confiance* dans votre aptitude à atteindre ces buts.**

Je vous propose maintenant de prendre quelques instants pour vous imaginer un jour dans le futur où vous avez à restituer ce discours ou le contenu de cet apprentissage, pour un examen peut-être.***

Quelle que soit la raison que vous ayez de vous souvenir, prenez le temps de vous voir en train de vous souvenir très clairement,* très nettement*. Les mots viennent spontanément*. Vous pouvez expliquer*, décrire*, argumenter*.

Tout en étant dans votre discours, sûr de vous et confiant**, laissez-vous entendre cette voix quelque part dans votre tête : « Ma mémoire s'améliore de jour en jour à tel point que je me souviens de ce qui convient au moment opportun. »**

Laissez-vous maintenant sentir la joie, la joie d'avoir réussi, d'avoir atteint votre but.**

Votre mémoire est tout à fait efficace*. Elle fonctionne tout à fait clairement*.

Prenez le temps de vous réjouir**. Peut-être qu'il y a des personnes importantes pour vous**. Vous voyez maintenant ces personnes reconnaître l'amélioration de votre mémoire*, vous féliciter, vous encourager**. Laissez-vous ressentir toutes ces sensations agréables d'avoir réussi à utiliser au maximum un outil que nous avons tous et qui enregistre de toute manière tout ce qui se passe pour nous*. A nous de trouver la clé pour accéder à nouveau aux informations qui sont stockées et les restituer calmement et en toute confiance.***

Prenez quelques instants maintenant pour vous remercier vous-même d'avoir pris du temps pour vous*, d'avoir pris soin de vous**. Quand vous le voulez, vous pouvez revenir à la tonicité en sentant l'énergie revenir dans votre corps très progressivement.**

Vous pouvez bouger les différents membres ou entendre les sons extérieurs à l'exercice.**

Vous pouvez vous étirer comme après une longue nuit de sommeil, un sommeil profond et réparateur.***

Quand vous en avez envie, seulement quand vous en avez envie*, vous ouvrez les yeux, l'esprit clair, reposé, détendu, heureux de vivre et prêt à faire face à toutes les tâches qu'il vous reste à accomplir aujourd'hui.*

Tout à fait tonique.*

Vous vous souviendrez de tout ce qui s'est passé dans cet exercice et vous pourrez l'utiliser pour améliorer chaque jour votre mémoire.*

# AVANT L'ÉPREUVE

→ Aux enfants en situation d'examen.
NTP
OR Installer le calme et optimiser l'accès aux ressources.
Le calme et la confiance augmentent la concentration.
⚠ Cet exercice doit toujours être facultatif. Toujours autoriser au préalable ceux qui ne veulent pas le faire à s'abstenir.

*L'exercice est à faire dans la salle de classe, juste avant la distribution des sujets d'examen. Il est important de prendre ce temps avant de distribuer les questions d'examen afin que les élèves n'aient pas l'impression de perdre du temps mais au contraire d'en gagner par rapport à l'échéance qui va se présenter à eux.*

Installez-vous dans la position la plus confortable pour vous, les pieds à plat sur le sol.*** Les mains posées sur la table ou sur le bureau devant vous.***

Laissez-vous choisir si vous souhaitez avoir les paumes vers le haut ou vers le bas.***

Quand vous le voulez, fermez les yeux et prenez trois profondes inspirations.***

A l'expiration, vous vous laissez aller, vous vous décontractez.****

Vous sentez le calme entrer en vous et si ces trois premières inspirations ne sont pas suffisantes, vous recommencez. Vous retenez légèrement le flot d'air à l'expiration et vous laissez descendre votre tête qui tombe naturellement en avant.**

Vos épaules sont décontractées. Prenez quelques instants pour percevoir cette sensation de calme à l'intérieur de vous-même.***

Votre respiration est libre et régulière comme le flux et le reflux de la mer.**

Votre cœur est calme.***

Votre esprit est calme.***

Vous avez du temps, vous avez tout votre temps.***

Laissez-vous ressentir à l'intérieur de vous-même un profond sentiment de confiance.***

Si un souvenir vous vient à l'esprit d'une situation où vous avez particulièrement réussi, laissez-vous revoir ces images de réussite.****

Vous avez confiance en vous-même.**

Confiance dans le travail préparatoire que vous avez fait avant cet examen.**

Confiance dans vos possibilités pour produire maintenant tout ce que vous avez mémorisé et compris.***

Laissez-vous aller dans le calme pour donner le meilleur de vous-même.***

Il est même possible que vous vous dépassiez et que vous fassiez beaucoup mieux que la dernière fois où vous avez travaillé dans le même domaine.****

Toutes les informations dont vous avez besoin sont en vous. Vous vous en souvenez d'une manière claire, précise.***

Tout à fait claire, précise.**

Maintenant, imaginez que vous êtes à la fin de cet examen, au moment où vous rendez votre copie. Laissez-vous ressentir la satisfaction d'avoir donné le meilleur de vous-même. Et si vous le voulez, projetez-vous encore plus loin dans le futur, au moment où vous allez recevoir votre note qui sera juste et qui correspondra à tout ce travail de clarté et de calme que vous avez mis en œuvre aujourd'hui.***

Tout au long de cet examen, vous resterez calme et sûr de vos connaissances.***

Disponible à chaque instant.***

Je vais compter maintenant de 3 à 1 et à 1, vous ouvrirez les yeux.

Vous vous sentirez merveilleusement détendu, l'esprit calme, reposé, prêt à accomplir toutes les tâches que vous avez à accomplir aujourd'hui.

L'esprit tout à fait clair, reposé. 3 —2 —1 (claquement de doigt). Ouvrez les yeux dès que vous en avez envie. Et vous êtes maintenant prêt pour recevoir dans le calme le sujet de votre examen.

# PRISE D'ÉNERGIE À FAIRE EN MARCHANT

→ Aux personnes ayant besoin de stimuler leur énergie, notamment les dépressifs.
NTP
OR Activer et réactiver la conscience d'exister.
↗ Nous pouvons nous placer dans une dynamique énergétique si nous le décidons.
⚠ Cet exercice peut, s'il est fait en fin de journée, créer des insomnies.

Alors que vous marchez, que ce soit dans la rue, dans la nature ou à l'intérieur d'un bâtiment, laissez-vous imaginer que vous pompez de l'énergie par la plante de vos pieds, à l'inspiration.***

Et à chaque pas*** cette énergie entre en vous, vous nourrit, vous alimente.**

L'excédent ressort par les narines, à l'expiration*. A chaque fois que vous posez les pieds devant vous, vous sentez cet apport énergétique qui remplit votre corps.***

Laissez-vous sentir comme maintenant vous marchez d'une manière souple, pompant de l'énergie pour le pas suivant. Prenez quelques instants pour sentir toutes les sensations agréables de votre corps, la mobilité, la flexibilité avant de fixer votre esprit sur autre chose.

# LE RÊVE PROGRAMMÉ

NTP
OR Produire des rêves sur des périodes très courtes pour puiser dans nos richesses inconscientes.
⚠ La symbolique de ces rêves est différente de celle des rêves naturels.

*Ces séquences de sommeil peuvent être induites avec le signe-signal et peuvent être faites aussi bien dans la position assise qu'allongée.*

Au moment de l'endormissement, se donner la suggestion suivante : «Je vais m'endormir pendant 15 minutes et durant ces 15 minutes je vais rêver. Les informations récoltées dans ce rêve me permettront de régler le problème X.»

Puis vous vous voyez ayant atteint votre objectif, et ayant résolu le problème avec toutes les sensations que cela peut comporter.

Vous vous voyez vous réveiller calme, détendu, reposé, au bout des 15 minutes prévues.

Si vous avez un signe-signal, vous l'utilisez et plongez instantanément dans un sommeil profond.

Au réveil, prenez soin d'avoir un papier et un crayon pour noter en vrac tout ce qui vient, sans censurer, que vous ayez rêvé ou non.

*Bien sûr, cet exercice peut aussi se faire en se couchant le soir.*

## LE CONSEIL D'ADMINISTRATION

NTP

OR Susciter des conseils avisés venant de personnages qui nous servent de modèles.

↗ Nous pouvons utiliser les ressources que les autres mettent à notre disposition en puisant dans un patrimoine commun.

⚠ La nature des personnages que vous choisissez est elle-même inductrice des résultats que vous allez obtenir.

Vous réunissez autour d'une table de conseil des personnages dont vous souhaitez avoir les avis.***

Accueillez-les personnellement à l'entrée de la salle.***

Remerciez-les d'être venus.***

Installez chacun à sa place respective. Il se peut que certains personnages viennent d'époques différentes.***

Prenez soin de les présenter à leurs voisins en expliquant quelles sont les choses particulières qu'ils ont faites et que vous avez appréciées.*****

Une fois que vous avez fini de recevoir vos conseillers, installez-vous dans le fauteuil de président de séance.****

Ouvrez la séance.**

Présentez d'une manière très claire et succincte votre problème tel qu'il se présente et le résultat que vous souhaitez obtenir.*****

Demandez individuellement à chacun de vos conseillers ce qu'il pense du problème et comment il voit sa solution.******

Vous pouvez noter les réponses sur un papier avec un crayon tout en gardant les yeux fermés, mais autrement vous pouvez imaginer que vous les inscrivez sur une feuille et que vous vous en souviendrez.

Lorsque chaque conseiller a donné son avis, il est possible que vous ayez des précisions à donner.***

Ou que certains conseillers commencent à discuter entre eux.***

Faites respecter la règle que chacun doit parler à son tour.**

Lorsque vous avez collecté toutes les informations dont vous avez besoin, remerciez vos conseillers et prenez congé en les raccompagnant individuellement, chacun jusqu'à la porte de la salle, en les remerciant personnellement et les prévenant que vous aurez peut-être à les rappeler.***

Quand la salle est totalement vide, prenez quelques instants pour faire vous-même la synthèse.*****

Remerciez-vous d'avoir pris du temps pour vous.*

Laissez-vous imaginer la solution du problème comme étant atteinte et réjouissez-vous des résultats.*****

Quand vous ouvrirez les yeux tout à l'heure, votre esprit sera clair, reposé, détendu, tonique, tout à fait heureux de vivre et prêt à faire face à toutes les tâches qu'il vous reste à accomplir aujourd'hui.

Vous respirez profondément et vous revenez à la tonicité, l'esprit tout à fait clair.

# LA SILHOUETTE

NTP

OR Aller puiser dans ses ressources pour régler un problème personnel.

Dans chaque problème est contenue la solution au même problème.

⚠ Ne pas entrer dans la pensée magique.

*Légère relaxation à faire assis ou debout.*

Vous fermez les yeux et portez votre attention sur votre respiration.

Très rapidement, transportez-vous dans une petite maison, dans votre paysage idéal. Dans cette maison, il y a une seule porte. De cette porte part un chemin qui va jusqu'à l'horizon.**

Au milieu de cette pièce unique, au rez-de-chaussée, il y a une chaise ou un fauteuil confortable dans lequel vous êtes actuellement installé.****

Laissez-vous imaginer les dimensions de la pièce et prendre possession de ce territoire.***

Tout à coup vous réalisez que vous avez un rendez-vous important.****

Quelqu'un va vous rendre visite.***

Le moment est imminent*. Vous vous levez pour aller jusqu'à la porte.

Vous sentez le contact de votre main sur la poignée; vous ouvrez la porte et vous sortez sur le seuil.****

Vous attendez un visiteur que vous ne connaissez pas.***

Alors que vous portez votre regard en direction du chemin vers l'horizon**.

Vous voyez apparaître une silhouette qui vient vers vous.****

Vous êtes tout à fait en sécurité. Cette personne vient pour vous conseiller et pour vous informer. C'est elle que vous attendez.*****

A chaque pas qui vous rapproche de cette personne, vous sentez grandir en vous l'expectative de cette rencontre.****

Il est possible que cette personne ait le visage caché ou tout simplement qu'il ne soit pas visible pour vous.***

Ça n'a pas d'importance.***

Cette personne est maintenant à mi-chemin et vous sentez en vous une grande exaltation dans cette attente.***

La silhouette est maintenant toute proche de vous.**

Vous lui souhaitez la bienvenue en lui disant : je t'attendais.**

Vous pouvez l'inviter à entrer dans la maison ou autrement à tenir la conversation à l'extérieur, il y a tout ce qu'il faut pour s'installer confortablement à l'extérieur.***

Vous énoncez votre problème dans ses grandes lignes et vous demandez un avis global.***

Vous entendez clairement la réponse.***

Vous énoncez les résultats que vous souhaiteriez obtenir mais qui ne sont pas certains.***

La silhouette vous donne un avis.***

Vous avez peut-être une précision à demander à nouveau sur ce qui est bon pour vous et vous entendez la réponse.*****

Le moment est venu maintenant de vous séparer, de prendre congé. Vous remerciez la silhouette de sa venue et vous la prévenez que vous aurez encore besoin d'elle.***

Elle vous quitte et repart vers l'horizon. Vous lui faites un dernier signe d'adieu de la main et vous rentrez dans la maison.***

Vous vous installez dans le fauteuil, vous vous souvenez de tout ce qui a été dit pendant cet entretien.*****

Prenez quelques instants pour imaginer le problème qui se présente à vous comme étant résolu et vivez la joie d'avoir atteint votre objectif.*****

Prenez le temps de goûter le plaisir des résultats.*****

Quand vous le voudrez, vous reviendrez à la tonicité. Quand vous ouvrirez les yeux, votre esprit sera clair, reposé, détendu, heureux de vivre et prêt à faire face à toutes les tâches qu'il vous reste à accomplir aujourd'hui.

# LE VERRE D'EAU

→ Tout public.
NTP
OR Créer un réflexe conditionné — type réflexe de Pavlov — associant la boisson du verre d'eau à la résolution d'un problème.
↗ Dans l'intervalle entre les deux prises d'eau, l'inconscient trouvera une solution.

*Cet exercice se fait à l'état de veille et ne nécessite aucune relaxation particulière.*

*Il est important quand même de laisser un laps de temps d'une heure minimum entre l'absorption de la première moitié du verre et de la deuxième.*

Prenez quelques instants pour vous concentrer sur un problème qui vous préoccupe actuellement, sans vous soucier de le résoudre. Vous êtes simplement en contact avec les composantes du problème. C'est-à-dire les causes et la situation correspondant au problème résolu. Prenez un verre d'eau et tout en le buvant tout doucement et très lentement, dites-vous, en évoquant toutes les associations liées à la boisson de ce verre : « Quand je boirai la deuxième moitié du verre d'eau, je trouverai spontanément une solution à ce problème. » Lorsque vous avez bu la première moitié du verre d'eau, vous le reposez, vous ne vous préoccupez plus du problème. Environ une heure plus tard (cela peut être plus court ou plus long) : vous voyez le verre d'eau, vous le buvez et vous ne faites rien d'autre que d'être disponible. Vous ne cherchez pas à résoudre le problème, vous ne repensez pas au problème!

Vous êtes conscient que tout ce qui va pouvoir émerger est peut-être une solution au problème.

## LE CHOIX

NTP
OR Développer l'État du Moi Adulte et la capacité de décision.
Un choix se fait entre les deux tendances contradictoires, « il faut » et « j'ai envie ».

Vous êtes dans un paysage que vous aimez. C'est un lieu réel ou imaginaire, ça n'a pas d'importance. Laissez-vous imaginer un tas de « il faut ».**

Donnez une image, une consistance à toutes les obligations, à tout ce qui dans votre vie répond à la définition « il faut ».******

Considérez ce tas, sa hauteur, sa taille. Laissez-vous voir les événements, les obligations sous forme d'images.***

Un peu plus loin, laissez-vous imaginer un tas de « j'ai envie ».*****

Tout ce qui correspond à vos désirs, vos fantasmes, vos souhaits les plus chers.******

Vous décidez de construire votre maison.***

Vous allez la construire en utilisant les matériaux de « il faut » et ceux de « j'ai envie ».*****

Peut-être est-il approprié de construire cette maison entre les deux tas.***

Laissez-vous imaginer que vous construisez cette maison, en prenant chacune des images qui correspondent aux éléments constructifs de « il faut » et à ceux de « j'ai envie ».*****

Choisissez entre le nécessaire et le superflu.***

Maintenant, cette maison est complètement terminée. Permettez-vous de la visiter, de vous y installer, laissez-vous imaginer une scène ou quelque chose qui vous est cher, quelque chose d'agréable à l'intérieur de cette maison.*****

Prenez le temps de bien vous sentir dans votre corps et d'apprécier toutes les sensations agréables.***

Quand vous reviendrez à la tonicité, votre esprit sera clair, reposé, détendu et vous serez prêt à décider, à choisir, à chaque fois que vous en aurez besoin entre « il faut » et « j'ai envie ».

## LES PETITES ANNONCES MATRIMONIALES

→ Aux personnes cherchant un partenaire.
NTP
OR Permettre de rencontrer un partenaire adéquat.
✐ Le filtre de nos croyances nous empêche d'identifier les personnes que nous voulons rencontrer.

Imaginez que vous êtes dans une foule ou simplement dans un lieu où vous n'êtes pas seul.****

Laissez-vous percevoir toutes les sensations agréables dans ce lieu. Vous appréciez la qualité de l'air, la température. Il y a certainement des couleurs, des parfums et des sons.****

Prenez le temps d'apprécier la manière dont vous êtes habillé, comment vous avez soigné votre image.***

Et si vous pensez que votre présentation n'est pas suffisamment soignée, imaginez que vous la modifiez pour être au meilleur de vous-même.***

Imaginez que vous portez le regard sur les différentes personnes qui sont dans ce lieu. Ce lieu peut être un lieu public, un cocktail, une réunion de famille.****

Chaque personne sur qui vous posez le regard, vous regarde en retour.*****

Et vous sentez que la personne apprécie votre regard, votre visage, la manière dont vous êtes vêtu.***

Si vous communiquez, ces personnes vous entendent, comprennent ce que vous dites; laissez-vous imaginer les échanges qu'il peut y avoir entre vous.******

Au bout de quelques instants, vous prenez conscience qu'en fait chaque personne présente dans ce lieu vous voit, porte un regard sur vous.***

Vous êtes donc bien visible, vous existez.***

Vous avez une place.***

Cette impression de participer, d'être regardé.**

Vous permet de porter votre attention sur votre propre regard sur les autres.***

Vérifiez bien si vous vous donnez le temps de regarder, d'apprécier, d'entrer en contact avec les personnes présentes dans ce lieu.******

Donnez-vous le temps de goûter et d'apprécier les sensations que vous ressentez dans votre corps quand vous rencontrez telle ou telle personne. Ces sensations sont différentes selon que la personne que vous regardez est un homme.*

Ou une femme.*

Bien entendu, vous remarquez aussi que lorsqu'on vous regarde, le fait que vous soyez un homme* ou une femme* intervient dans le regard de l'autre sur vous.****

Les humains sont des êtres qui sont faits pour la relation.***

En eux, dès leur naissance, sont programmés des désirs et des aspirations de se rencontrer, de se parler.****

Les humains ont besoin de liens et d'attachements pour vivre.***

Ils ont en eux les ressources pour se rencontrer, former des couples et vivre créativement ensemble.*****

Dans ce lieu où vous êtes, il y a certainement une personne appropriée pour vous.****

Dans ce lieu, il y a quelqu'un qui cherche à vous rencontrer.***

Laissez-vous ressentir votre désir de rencontrer l'autre.*****

Je vous propose d'imaginer que vous changez de lieu maintenant. Laissez-vous aller dans votre vie de tous les jours; sur votre lieu de travail il y a des gens, il y a des personnes qui souhaitent vous rencontrer en tant que personne.***

Dans les transports, dans la rue, dans les lieux de loisirs il y a des personnes qui souhaitent vous rencontrer.**

Et que vous souhaitez rencontrer.*****

Laissez-vous être accessible à cette rencontre.****

Je vous propose maintenant d'imaginer que vous êtes en train de passer un moment agréable avec un partenaire qui vous convient.

Ça peut être des loisirs, un repas, une séance de cinéma. Laissez-vous sentir toutes les sensations et les perceptions en rapport avec cette rencontre.

Prenez le temps de vous remercier vous-même d'avoir pris soin de vous rendre accessible.***

De vous être donné les moyens de voir l'autre.***

Et si vous le voulez maintenant, vous pouvez vous projeter dans un futur un peu plus lointain. Vous passez une longue période avec une personne — peut-être la même — un mois de vacances par exemple. Laissez-vous vivre toutes les sensations et toute la joie de partager un moment de votre vie avec quelqu'un que vous appréciez, qui vous apprécie et reconnaît vos valeurs et vos qualités.*****

Si c'est cela que vous souhaitez maintenant, imaginez que vous vous engagez pour toute votre vie avec cette personne et, quelle que soit la forme de cérémonie que vous voulez avoir pour marquer cet événement, imaginez que vous présentez cette personne à votre entourage, que vous vous sentez fier d'avoir décidé de vivre votre vie avec elle. Imaginez que vous parlez avec ce partenaire, cette partenaire de projets d'avenir, peut-être des enfants, des voyages, comment organiser votre vie.

Laissez-vous ressentir toute la joie qu'il y a dans cette perspective.*****

Prenez quelques instants pour ressentir en vous-même la confiance. Confiance dans vos objectifs, confiance dans votre aptitude à les atteindre.***

Et souvenez-vous qu'il y a toujours quelqu'un dans le monde pour qui vous existez et qui n'attend qu'une chose : vous rencontrer. Faites que vos recherches réciproques vous permettent de vous rencontrer.*****

Quand vous le voulez, vous revenez à la tonicité l'esprit clair, reposé, détendu, heureux de vivre et prêt à faire face à toutes les tâches qu'il vous reste à accomplir aujourd'hui.***

Quand vous en aurez envie, vous ouvrirez les yeux tout à fait détendu, heureux de vivre.

## LE RÉVEIL

→ Toute personne qui souhaite se réveiller dynamiquement le matin sans avoir à utiliser un réveil.

NTP

OR Se réveiller au moment où on a terminé un rêve, c'est-à-dire confier à l'horloge interne de notre inconscient le soin de synchroniser notre réveil avec notre vie de sommeil.

✎ Nous avons une horloge interne qui régule le temps qui passe, nous pouvons lui confier le soin de nous réveiller ou de nous endormir pendant un temps extrêmement court.

⚠ Ce n'est pas un exercice à utiliser pour réduire le temps de sommeil en deçà de ce qui est nécessaire pour une bonne santé.

*Faire son exercice dans son lit chaque soir pendant 1 ou 2 mois de manière à bien s'entraîner.*

Vous êtes dans votre lit, bien en contact avec les draps, avec le lieu et avant de vous endormir, vous fermez les yeux et vous programmez votre réveil-matin mental.**

Laissez-vous ressentir le calme, la sérénité.**

Vous avez confiance en vous. Imaginez que vous avez dans votre main un véritable réveil. Vous en sentez le poids, la forme, la consistance. Vous voyez très précisément son cadran avec la grande aiguille ainsi que l'aiguille qui correspond à la fonction réveil.***

Vous savez exactement à quelle heure vous souhaitez vous réveiller demain matin.**

Prenez le temps de voir l'image du cadran à l'heure de votre réveil.

La petite aiguille est sur les heures, la grande aiguille est sur les minutes.***

Une fois que cette image est bien implantée dans votre esprit, réglez l'aiguille de la fonction sonnerie à l'heure exacte à laquelle vous souhaitez vous réveiller.**

Et reposez ce réveil imaginaire sur votre table de nuit.** Laissez-vous imaginer maintenant que le moment de votre réveil demain matin est arrivé. Vous êtes dans votre lit et vous émergez du sommeil pour passer à l'état de veille. Cela se fait progressivement, sans violence.**

Vous sentez chacun de vos membres qui accède à la tonicité. Vous avez bien dormi, vous êtes reposé.***

Imaginez que vous ouvrez les yeux et que vous voyez sur votre table de nuit votre réveil indiquant exactement l'heure que vous avez souhaitée.***

Peut-être que vous avez besoin de quelques instants pour noter des bribes de rêves que vous avez eues pendant la nuit. Cela est important**, vous en comprendrez le sens. Imaginez maintenant que vous vous levez. Vous vous voyez dans votre tenue habituelle selon que vous dormez avec un pyjama, une chemise de nuit ou tout nu.** Laissez-vous imaginer les premiers gestes que vous faites le matin. Peut-être aller aux toilettes, à la salle de bains. Peut-être mettre l'eau à chauffer pour le petit déjeuner.***

Vous avez bien calculé votre temps, vous savez exactement ce que vous avez à faire pour pouvoir être prêt à temps.****

Imaginez que vous vous lavez, vous faites votre toilette. Laissez-vous sentir les parfums, les odeurs et tous les gestes que vous faites habituellement.****

Prenez le temps de choisir vos vêtements, ceux qui vous vont bien et vous mettent en valeur.**

Sentez la texture du tissu. Imaginez le contact sur votre corps.***

C'est une très belle journée qui se présente. Vous êtes enthousiaste, dynamique et prêt à faire face à toutes les tâches que vous avez à accomplir aujourd'hui.***

Vous êtes maintenant parfaitement habillé et c'est le moment pour vous de préparer votre petit déjeuner. Permettez-vous de goûter dès maintenant le plaisir de ce moment. C'est important pour commencer la journée.***

Il y a des parfums, des odeurs, des goûts. Si vous êtes de ceux qui aiment le pain grillé, laissez vos narines se remplir de cette odeur. Imaginez la texture, la sonorité de vos tartines.***

Peut-être que vous mettez du beurre ou du miel. Laissez-vous sentir la consistance. Imaginez vos gestes. Vous prenez votre temps. Vous sentez les goûts dans votre bouche et à chaque bouchée vous profitez du plaisir de ce moment important pour vous.****

Prenez votre temps pour apprécier le lieu. Peut-être que vous entendez une musique. Ce petit déjeuner contribue à la préparation de votre journée. Cette journée est déjà commencée. Voilà, voyez le moment où vous terminez ce petit déjeuner. Vous êtes satisfait, rassasié.

Imaginez maintenant que vous partez pour votre travail, ce que vous avez à accomplir aujourd'hui, et laissez-vous sentir l'enthousiasme, la joie de vivre cette journée qui est bien commencée. Vous avez confiance en vous-même et vous partez au bon moment pour arriver à l'heure à votre premier rendez-vous.

Donnez-vous quelques instants maintenant pour apprécier toutes les sensations agréables dans votre corps et ressentir la joie d'avoir bien réussi votre réveil et votre début de journée.

Remerciez-vous vous-même d'avoir pris du temps pour vous.

## LA CARESSE GÉANTE

→ Aux couples.
NTP
OR Réguler les niveaux de la relation.
⚲ Le corps est médiateur de la relation.
⚠ Hyper-érotisation.

*Il peut être important de faire cet exercice nu sous une couverture, dans un lit mais non en contact avec un partenaire.*

*En revanche, le partenaire peut être celui qui dirige l'exercice tout en le faisant.*

*Une induction. Et on commence.*

Vous concentrez votre attention sur un point imaginaire au creux du pli fessier.**

Faites remonter ce point comme sur une ligne imaginaire le long de votre colonne vertébrale.*****

Puis, entre vos omoplates.***

Le long de votre cou.**

De la base de votre crâne jusqu'au sommet de la tête.**

Cette ligne maintenant descend et passe sur votre front.**

Entre vos yeux.***

Sur votre nez.***

Sous votre nez.**

Elle s'arrête aux bords de la lèvre supérieure, là où il y a un petit sillon.***

Respirez librement et sentez le cheminement de l'énergie depuis ce point au creux de votre pli fessier jusqu'au bord de votre lèvre supérieure.****

Laissez circuler cette énergie tout au long de cette ligne comme un léger frisson de plaisir.*****

Cette ligne reprend au bord et au milieu de votre lèvre inférieure.***

Elle partage votre menton en deux et descend le long de votre gorge.***

Sentez cette sensation de cheminement, comme si l'être que vous aimez dessinait cette ligne avec son doigt sur votre peau.****

Sensation très agréable.**

Très douce.**

Vibrante.**

Vous sentez cette ligne qui descend au milieu de votre poitrine.****

Elle descend au creux de votre estomac.**

De votre plexus solaire.**

Et progressivement s'approche de votre nombril.******

Elle passe votre nombril sans s'attarder.**

Puis descend progressivement vers votre pubis.*****

Comme si elle partageait vos organes génitaux symétriquement en deux, que vous soyez homme ou femme. Si vous êtes un homme, sentez cette ligne aller jusqu'à la pointe de la verge.**

Sous la verge.**

Au milieu des bourses.**

Et si vous êtes une femme, tout simplement au milieu de la vulve.***

Puis cette ligne passe entre vos jambes, sur votre périnée.**

Et termine à la face antérieure de votre anus.*****

Laissez-vous sentir maintenant l'énergie qui circule par cet anneau qui divise symétriquement votre corps en deux.****

Les deux seules ruptures de cet anneau sont les orifices de votre tube digestif.***

Et vous sentez là se faire un échange d'énergie.****

Goûtez pendant quelques instants (1 à 2 minutes) le passage de l'énergie sur cette ligne imaginaire.

Concentrez maintenant toute votre attention sur votre peau.*****

Sur l'enveloppe de votre corps.****

En commençant par toute la partie qui repose sur le sol.****

Vous prenez conscience des points d'appui de votre corps sur le sol.***

Continuez à concentrer toute votre attention sur votre peau.***

Comme si votre corps tout entier devenait une grande main.*****

Une immense main. Votre corps est une immense main.*** Avec cette immense main, vous caressez le corps de l'être aimé, comme s'il était une petite statuette à la taille de cette main.****

Toutes les fonctions sensorielles de votre corps participent à cette caresse.**

Se moulent.*

Et caressent mentalement l'être aimé dans tous ses détails.*****

Visualisez chaque détail du corps de l'être que vous aimez.***

Sentez comment vous pouvez le couvrir avec votre propre corps de la même manière que l'on peut envelopper une petite statuette que l'on tient dans sa main.*****

Explorez ce corps de la tête jusqu'aux pieds, sans rien omettre des formes et des émotions que vous ressentez.****

Observez les réactions que vous éveillez chez votre partenaire, ce peut être le plaisir, la satisfaction mais aussi des émotions moins positives, qui sont aussi à prendre en compte.***

Quand vous avez terminé cette exploration, retirez-vous dans votre paysage idéal.****

Et installez-vous dans un lieu tranquille et sûr pour une courte méditation.****

C'est un lieu où vous vous sentez protégé.**

Tout à fait en confiance.**

Méditez sur la nature des rapports affectifs que vous entretenez avec ce partenaire.*

Sur la place que prend la sensualité dans vos rapports.*****

Est-ce que votre corps envahit totalement la relation amoureuse au détriment d'une partie moins physique et plus spirituelle?******

Est-ce qu'au contraire cet intérêt physique est sous-développé? Que votre partenaire le réclame ou que vous le réclamiez pour vous-même.*****

Laissez-vous imaginer que vous pouvez matériellement réduire votre demande si elle est débordante ou apporter un peu plus si vous sentez un manque.*****

Profitez de la fin de cet exercice pour faire le point en vous-même, sur ce que vous décidez maintenant de développer ou au contraire de modérer dans cette relation afin qu'elle soit plus complète, plus profonde.******

Projetez-vous dans le futur et laissez-vous imaginer chacun des partenaires satisfaits et se remerciant de ce qu'il trouve dans la relation.*****

Puis revenez à un niveau de conscience normal très progressivement tout en visualisant votre corps unifié qui revient à la tonicité.*****

# LA GRANDE OREILLE

→ Aux personnes qui souhaitent développer leurs fonctions auditives.

NTP

OR Mobiliser les fonctions auditives et se réapproprier des sensations dans ce domaine.

✎ L'écoute est plus une attitude que véritablement une fonction mécanique.

*C'est un exercice qui commence par une induction classique qui n'a pas besoin d'être très profonde étant donné qu'elle va aller en augmentant au fur et à mesure des sensations.*

Concentrez toute votre attention sur vos oreilles.*****

Installez-vous dans vos oreilles.*****

Vous devenez une grande oreille.****

Une très grande oreille.*****

Vous sentez que vous devenez une très très grande oreille, un pavillon à l'écoute.******

Maintenant, toute votre attention, toute votre énergie est concentrée sur votre oreille.***

Sur vos facultés auditives.*****

Vous dirigez cette oreille vers vous-même.***

Écoutez les bruits de votre corps.*****

Peut-être que vous pouvez percevoir les vibrations de votre cerveau.*****

Puis le souffle de votre respiration qui va et vient.*****

Vous entendez les bruits de votre corps.**

Vous percevez le bruit de l'air qui entre et qui sort de votre corps.***

Laissez-vous descendre plus profondément à l'intérieur de votre corps.

Vous entendez les sons et les vibrations des organes qui sont à l'intérieur de votre ventre;****

les agréables gargouillis.***

Comme un bruit de fontaine, de l'eau qui coule.****

Tout ça à l'intérieur de votre ventre.*****

Laissez-vous bercer par ces sons tout à fait bienfaisants. Vous les entendez très nettement maintenant. Et en focalisant votre attention, vous commencez à entendre le son des pulsations de votre cœur.*****

Et la circulation du sang qui coule dans vos veines.*****

Une circulation régulière, ferme et régulière.*****

Le son régulier des battements de votre cœur est un bruit rassurant, régulier.****

Et vous l'entendez très régulièrement.***

Et cette attention que vous lui portez lui permet de se calmer.**

De ralentir légèrement son rythme.***

Pour être encore mieux accordé à votre état de relaxation.***

Votre état de bien-être.***

Vous vous laissez bercer quelques instants par le bruit calme de ces battements.**

Commencez maintenant à écouter d'autres sons, d'autres bruits.**

Vous sortez de votre corps et vous portez maintenant votre attention, vous dirigez cette grande oreille vers tous les bruits qui vous entourent dans cette pièce.****

Peut-être y a-t-il une pendule ou simplement le bruit d'une montre; un insecte, un craquement.****

Focalisez maintenant votre attention sur les bruits de l'espace qui est autour de la pièce, à l'extérieur. Si vous êtes dans un immeuble, les autres pièces de l'appartement ou le palier. Si vous êtes dans une maison individuelle, les pièces qui vous entourent et écoutez tous les sons, tous les bruits qui émanent des pièces limitrophes à celle dans laquelle vous vous trouvez.*****

Portez votre attention maintenant sur les bruits de toute l'habitation dans laquelle vous vous trouvez. Si vous êtes dans un immeuble ou une grande maison, vous entendez des bruits quelquefois confus de ce qui se passe d'un étage à l'autre.*****

Des bruits propres à la vie communautaire.***

Portez maintenant votre attention hors de cette maison d'habitation, de cet immeuble. Vous entendez les bruits de votre quartier, les bruits de la rue, la voiture, la mobylette qui passent, le chien qui aboie.*****

Prenez conscience qu'ils sont la présence de la vie que vous partagez avec les humains qui vous entourent.******

Laissez-vous écouter maintenant un registre de sons et de bruits beaucoup plus large qui sont les bruits de la vie tout entière, comme une immense palpitation, la rumeur de la ville. Et dès que vous avez pris conscience de ces bruits merveilleux qui font partie de notre vie, portez votre attention auditive encore plus loin.*****

Vous écoutez maintenant les bruits du pays.***

Vous entendez les bruits du pays tout entier.**

Le bruit du vent, de la nature tout entière. Le bruissement des forêts.*****

Le bruit de la mer sur le littoral.*****

Le bruit des usines.****

Le bruit du sol.*****

Vous portez maintenant votre attention encore plus loin, comme si vous pouviez monter dans l'espace et vous mettre à l'écoute des sons et des bruits du continent.*****

Alors que vous écoutez l'ensemble du continent où vous vous trouvez, remarquez comme la qualité des sons change.*****

Votre aptitude auditive maintenant est tellement affinée, tellement sensible que vous pouvez écouter le bruit de l'univers.***

Le bruit du monde tout entier.****

Écoutez le son que fait la terre.*****

Prenez conscience des bruits et des sons différenciés d'un continent à l'autre.******

Je vous propose d'expérimenter, de prendre un peu plus de recul encore et d'aller pousser plus loin votre recherche. Prenez de l'altitude et écoutez les bruits de l'atmosphère.****

De tous les remue-ménage qu'il y a dans cette couche d'air qui entoure la terre.**

Vous entendrez le bruit des vents.***

De ces immenses courants d'air qui balayent le sol de notre planète.******

Ces courants d'air qui grondent autour des montagnes et des vallées.***

Qui déplacent les nuages.*****

Vous vous souviendrez de tous ces sons. Maintenant que vous avez bien perçu les sons de l'atmosphère, imaginez que vous pouvez vous projeter maintenant plus loin, encore plus loin dans le cosmos.*****

Vous partez à la limite de tout ce qui est possible pour vous. Vous n'avez aucune crainte à avoir, vous vous arrêterez à temps. Vous pouvez aller loin, très loin.******

Laissez-vous écouter le bruit du cosmos et des vibrations sidérales.******

Je vous laisse quelques instants pour goûter toutes les sensations agréables que vous pouvez avoir dans cette expérience.******

Vous vous souviendrez très précisément de tout ce que vous avez découvert dans cet exercice.***

Et vous pourrez l'utiliser dans votre vie quotidienne.****

Afin de mieux vous comprendre, mieux vous connaître, mieux vous aimer.***

Cette capacité d'écoute vous permettra aussi d'améliorer les relations que vous avez avec ceux qui vous entourent.***

Je vous propose maintenant de revenir progressivement dans le lieu où vous vous trouvez. Votre grande oreille redevient une oreille normale, avec des proportions humaines.***

Avant d'ouvrir les yeux, reprenez conscience du lieu dans lequel vous vous trouvez, des gens qui vous entourent.**

Percevez le niveau vibratoire de tout ce qui vous entoure.***

Vous prenez conscience de l'atmosphère de cette pièce et à chaque inspiration vous vous rechargez d'une énergie vitale.***

Prenez votre temps, vous avez tout votre temps pour revenir. Quand vous serez prêt et que vous en aurez envie, ouvrez les yeux! Vous aurez l'esprit clair, reposé, détendu et prêt à faire face à toutes les tâches qu'il vous reste à accomplir aujourd'hui.

Il est très probable qu'à partir de maintenant vous allez observer des sons, des bruits, des paroles que vous n'aviez encore jamais remarqués. Et vous constaterez probablement que votre aptitude auditive s'est considérablement améliorée. Et cela, vous le devez à vous-même et à votre concentration.

*NB. Cet exercice est disponible en cassette audio.*

## LA VUE

→ Aux personnes qui ont des problèmes de vue.
NTP
OR Faire travailler les organes de la vue.
⚲ Les muscles du cristallin et des fonctions oculaires peuvent aussi faire de la musculation.
⚠ Enlever les lentilles cornéennes.

*Cet exercice comprend aussi l'induction.*

Installez-vous confortablement sur le sol en gardant les yeux ouverts.**

Laissez-vous évaluer votre niveau de tension dans tout votre corps.**

Notamment, au niveau de vos yeux.***

Si vous portez des lunettes ou des verres de contact, vous avez pris soin de les retirer.**

Vous êtes assis confortablement dans un fauteuil ou allongé sur le sol.**

Regardez droit devant vous. Il est préférable qu'à une distance moyenne vous ayez quelque chose à voir : un plafond ou un mur.**

Votre respiration est calme, lente, régulière, comme le flux et le reflux de la mer.***

Vous vous relaxez les yeux ouverts et vous laissez vos yeux voyager calmement.***

Très calmement.**

Puis vous choisissez de focaliser votre vision sur un objet fixe.**

Peut-être un tableau, une porte ou un lustre pendu au plafond.***

Si vous êtes devant une bibliothèque, vous regardez les livres.**

Vous ne les lisez pas vraiment, vous les regardez. Vous les voyez dans leur ensemble.*

L'un après l'autre, et vous prenez conscience de cette relaxation, de ce calme.***

Cette concentration que vous demandez à vos yeux amène une profonde relaxation.****

Déjà, les tensions à l'intérieur de votre corps se dissolvent.****

Votre respiration est libre et régulière. Vous décidez maintenant de fermer les yeux et de vous laisser glisser profondément vers cet état d'harmonie que vous connaissez et que vous aimez.***

Il vous suffit pour cela de mémoriser les sensations ressenties dans les exercices précédents et très rapidement vous sentez cet état tout à fait sécurisant que vous recherchez.****

Vous concentrez également toute votre attention sur vos yeux.*

Ces fenêtres sur le monde extérieur.***

Votre conscience est maintenant dans vos yeux.**

Votre système oculaire est activé.***

Laissez-vous ressentir les sensations de cette partie spécifique de votre corps et permettez-vous de les différencier des autres sensations que vous sentez dans votre corps.***

Imaginez les différentes parties de tout ce système et si vous le voulez, visualisez les muscles qui entourent vos yeux et laissez-les se détendre.**

Imaginez le nerf optique par lequel sont transmises toutes les informations visuelles jusqu'à votre cerveau.**

Focalisez votre attention sur votre rétine qui tapisse le fond de votre œil et qui est couverte d'une multitude de petites cellules qui perçoivent les images et la lumière.****

Imaginez que vous pouvez focaliser votre attention sur votre cristallin, comme vous focaliseriez votre attention sur le bord de votre lèvre ou toute autre partie de votre corps. Là, vous focalisez votre attention sur votre cristallin.****

Continuez à bien investir et habiter cette partie de votre corps.** Séparément les différentes parties de vos yeux. Alternativement le droit et le gauche. Puis le cristallin, l'humeur vitrée qui est le liquide qui remplit tout votre œil.***

Votre pupille, cette pastille circulaire ouverte au milieu et qui a la faculté de se contracter et de se dilater pour laisser entrer plus ou moins de lumière.*****

Portez votre attention maintenant sur votre cornée qui est la partie la plus en avant de votre œil.**

Légèrement bombée, votre cornée est très transparente. Appréciez sa clarté, sa limpidité.****

Appréciez la régularité lisse, très lisse de sa surface.****

Portez votre attention maintenant sur les glandes lacrymales qui forment les larmes et qui maintiennent vos yeux à une humidité constante.*****

Concentrez maintenant votre attention sur vos paupières.*

Qui balayent, protègent la surface de vos yeux et chassent les impuretés.*****

Sur vos cils qui représentent la protection rapprochée de vos yeux et peuvent ainsi repousser les petites poussières qui s'approchent trop.**

Prenez quelques instants maintenant pour apprécier, ressentir toutes les sensations agréables dans votre corps et prendre conscience que cet état de relaxation est dû à votre propre concentration.*** Transportez-vous maintenant sur le haut d'une colline qui domine les environs.***** Vous vous installez dans la nature, c'est un lieu que vous connaissez, réel ou imaginaire, cela n'a pas d'importance.** C'est un très beau jour.* Appréciez la qualité de l'air*, la pureté de la lumière.* Il fait une température agréable.* Imaginez un regard circulaire où vous appréhendez tous les détails de ce qui vous entoure.****

Vous êtes maintenant assis sur le sol et vous voyez très en détail les végétaux.****

Les insectes, les minéraux qui sont peut-être autour de vous.

Il vous suffit de faire un geste imperceptible de la tête, simplement quelques millimètres en avant pour percevoir avec une grande acuité le monde minuscule qui vous entoure et tout d'un coup, vous voyez le fourmillement de toute une vie, de tout un monde que vous n'aviez pas perçu, comme si vos yeux étaient devenus des loupes.****

Sensation très agréable, vous êtes émerveillé. Vous voyez très très précisément tout ce monde qui est très proche de vous, là, présent et qui participe à la vie de l'univers tout entier.*****

Mentalement, imaginez que vous vous penchez un peu plus en avant et que vos yeux deviennent des microscopes.***

Ils ont maintenant la faculté de voir à l'intérieur de la matière.***

Vous voyez maintenant la structure des cellules, de l'herbe.**

Et des végétaux qui vous entourent. Vous entrez dans les fleurs, les graines.

Vous voyez en détail les écailles sur les ailes de papillons multicolores.******

Laissez-vous ressentir la joie, l'émerveillement de toutes ces images immensément grandies sous vos deux microscopes. Vous voyez vraiment tous les détails.******

C'est bon de ressentir cette émotion, cette joie de pouvoir ainsi pénétrer ce monde qui vous était jusque-là inconnu.****

Vous goûtez et appréciez toutes ces images qui passent par vos yeux et qui sont infiniment petites.** Ces choses infiniment petites que vous voyez tout à fait normalement avec vos yeux.****

Prenez encore quelques instants pour goûter votre calme intérieur et concentrez toute votre attention sur vos yeux.***

Vous prenez conscience de ce regard.**

Cette vue sur l'extérieur de vous-même est primordiale dans vos relations avec l'univers.*****

Vous avez regardé l'infiniment petit. Portez maintenant votre regard autour de vous, sur votre environnement proche et observez tous les détails que vous pouvez maintenant voir avec cette perception nouvelle.***

Il y a un premier plan proche tout autour de vous sur cette colline.* Les arbres, les maisons peut-être, les fleurs à quelques mètres de vous.****

Vos yeux se remplissent de ces images et ce regard vers l'avant est un peu un regard vers le futur.****

Un regard lucide.*

Clair.*

Simple et serein.****

Vos yeux ont maintenant acquis une qualité, une acuité extraordinaires.

Vous pouvez voir très loin. Et vous regardez à présent l'horizon.*****

Vous distinguez à l'horizon la cime des collines. Il y a des arbres sur ces cimes.****

Les couleurs sont ensoleillées et plus vous regardez cet horizon, plus vous découvrez de détails.***

En focalisant, vous arrivez à pénétrer et à voir le plus petit détail dans le lointain.******

Vous voyez loin. Très loin**, comme vous n'avez jamais vu et d'une manière très claire.****

C'est une vision lucide, très précise, loin, loin, très loin.******

Et pendant que vous continuez à porter ce regard, vous voyez les oiseaux dans le ciel comme vous ne les aviez jamais vus.* Certains se posent sur les arbres des collines au loin.

Peut-être que vous remarquez le chien qui court après les poules dans la ferme voisine, à bonne distance. Petits points mobiles dont vous n'entendez pas les voix.***

La lumière du jour commence à baisser et vous percevez les douces couleurs qui commencent à transformer le paysage, annonçant le coucher du soleil.***

Votre vue se transforme. Mais vous continuez à voir, ce n'est pas un souvenir alors que l'obscurité commence à s'installer progressivement, vous continuez à voir ce paysage proche, lointain, en plein changement.*****

L'obscurité s'installe davantage.***

Elle est bientôt complète.*****

L'obscurité est complète et pourtant vous continuez à voir dans une lumière de clair-obscur, presque lunaire.****

Vos yeux vous permettent de voir les lumières au loin.****

Les reflets, les scintillements de certains insectes qui traversent l'air comme un éclair.****

Le ciel a une couleur d'un bleu très profond et vous voyez par moments passer des oiseaux de nuit.***

Vous les suivez. Vous entendez aussi leur bruit et le bruissement de leurs ailes.***

Votre regard se porte plus loin et vous distinguez les étoiles.***

Les plus grosses et les plus brillantes d'abord. Plus votre regard se porte vers le ciel, plus votre vue et votre regard portent loin.****

Vous regardez maintenant à des distances infinies et votre propre vue vous permet de voir des étoiles infiniment petites.******

Concentrez votre attention sur votre regard, intensément, intensément.****

Vous avez une vision du cosmos.****

Vous vous souviendrez de cette vision.****

Je vous laisse quelques instants pour suivre et développer cette perception.*****

Goûtez et appréciez toutes les sensations agréables dans votre corps alors que vous regardez le cosmos.

Je vous propose maintenant, tout en gardant les yeux fermés, de revenir ici et maintenant dans cette pièce.****

Toujours les yeux fermés, portez votre regard mentalement sur vos mains tendues devant vous.***

Vous les contemplez et vous prenez conscience que si vous avez quelque chose à lire, cette lecture est facile. Peut-être que c'est le moment de vous donner à vous-même quelques messages positifs.**

Chaque jour, je vois de mieux en mieux et je fais confiance à mes yeux.*****

Quand vous le voulez, vous revenez à la tonicité, l'esprit clair, reposé, détendu, heureux de vivre et prêt à faire face à toutes les tâches qu'il vous reste à accomplir aujourd'hui.***

Quand vous en aurez envie et seulement quand vous en aurez envie, ouvrez les yeux.

*NB. Cet exercice est disponible en cassette audio.*

## LE MOUVEMENT ANACINÉTIQUE

NTP

OR Stimuler des fonctions physiques et musculaires chez des personnes immobilisées, mais aussi développer par anticipation un mouvement à des fins d'entraînement.

L'évocation sensorielle génère des stimulations toniques au niveau corporel, qui favorisent le passage à l'acte.

*Cet exercice va vous donner une démonstration de mouvements anacinétiques simples. Bien sûr, il peut être appliqué à des quantités d'autres mouvements et est fort utile pour les kinésithérapeutes. Il permettra à des personnes alitées avec des factures multiples d'entretenir une tonicité musculaire sans faire le moindre mouvement mécanique. Vous pouvez l'adapter aux sports que vous pratiquez. Des résultats étonnants ont été obtenus en ski olympique, en tennis, en golf. J'ai fait des expériences tout à fait remarquables dans le domaine du tir. Ce qui est important, c'est d'évoquer toutes les sensations qui sont liées à l'activité décrite, en visualisant le mouvement souhaité comme réussi.*

Transportez-vous dans un paysage de montagne. Vous vous apprêtez à faire une petite excursion.****

Laissez-vous apprécier la qualité de l'air.*

La pureté de la lumière.*

Entendez les sons.**

Sentez les parfums.*

Les odeurs.*

Imaginez que vous êtes actuellement en train de lacer vos chaussures.

Vous sentez le contact du cuir et des lacets entre vos doigts, vous sentez votre pied dans la chaussure, avec de bonnes chaussettes de laine.****

Plus vous tirez sur les lacets, plus vous sentez votre pied en contact avec la chaussure. Vous sentez aussi les muscles de votre dos qui se tendent quand vous tirez sur les lacets.***

Les articulations de vos doigts qui se contractent et la chair de vos doigts qui est serrée par les lacets.*

Tout cet ensemble de sensations vous donne la notion de vos limites corporelles.***

Maintenant que vous avez mis vos deux chaussures et qu'elles sont bien lacées, mesurez les sensations différentes; peut-être le poids différent de ces chaussures par rapport à celles que vous portez quotidiennement.*** Quand vous levez le pied, sentez que certains muscles sont plus mobilisés que d'habitude.****

Il y a devant vous un petit sentier, un endroit où l'herbe est particulièrement marquée dans l'alpage**. Vous décidez de commencer votre promenade**. A chaque pas, vous pouvez observer la démultiplication et l'articulation du mouvement de tout votre corps en partant de vos chevilles, de vos orteils.***

En montant dans vos jambes**, avec les genoux qui restent flexibles***, souples et sur lesquels s'articule le reste du poids du corps**. Puis vous montez jusqu'à vos hanches, l'endroit où vos fémurs entrent dans le bassin**. Le reste de votre dos est souple et flexible. Cette souplesse va jusqu'à votre nuque.****

Avec vos bras, vous vous aidez à marcher en faisant un mouvement comme les pistons de la locomotive.** Vous sentez, au niveau des articulations de vos épaules, la souplesse**. Votre tête se tourne de gauche à droite et de haut en bas, afin de voir où vous allez et d'où vous venez**. Prenez quelques instants pour répéter et mémoriser dans votre esprit toutes ces sensations.*****

Cela fait maintenant un certain temps que vous marchez. Laissez-vous sentir la température de votre corps qui a augmenté, les sensations dans vos muscles qui sont maintenant échauffés.****

Votre respiration s'est elle aussi modifiée**. Le contact des vêtements sur votre peau est différent**. Vous transpirez légèrement.**

Toutes les sensations au niveau de vos os, transposez-les au niveau de vos muscles***. Sentez l'étirement et la contraction de chacun des muscles de votre corps en partant de vos pieds et en remontant jusqu'à votre tête***. C'est bien*. Vous pouvez répéter plusieurs fois le même mouvement; là, il s'agit de la marche****. Laissez-vous sentir toutes les sensations agréables dans votre corps**. Le terrain monte maintenant un peu plus fort et vous avez à fournir un effort plus soutenu***. Convertissez toutes ces sensations de votre corps perçues au niveau de vos os, puis de vos muscles, transposez-les maintenant au niveau de votre peau***. Sentez cette peau qui se plie à certains endroits, qui se distend à d'autres, avec une souplesse et une aisance tout à fait extraordinaires.****

Cette enveloppe est souple. C'est véritablement le costume sur mesure dont votre corps a besoin.*****

Imaginez que vous transposez maintenant toutes ces sensations d'une manière interne, à votre système sanguin. Votre sang irrigue régulièrement les différents muscles des différents membres, ainsi que votre cerveau.**

Votre cœur est sollicité**. Goûtez toutes les sensations circulatoires que vous pouvez imaginer dans votre corps maintenant.*****

Tout en continuant votre promenade, vous avez maintenant pris de l'altitude**. Il fait très beau*. Laissez-vous goûter le plaisir de cette promenade. Il y a des arbres, des oiseaux. Peut-être au loin, vous voyez les neiges éternelles****. Tout en continuant à marcher, sentez les organes internes de votre ventre et aussi tout le système glandulaire, imaginez comment ils participent à toutes ces sensations.*****

Vous arrivez maintenant à un plateau où vous pouvez vous arrêter quelques instants pour reprendre votre souffle et méditer***. Prenez quelques instants pour vous projeter dans le futur, au moment où vous allez pouvoir mettre en pratique tous ces mouvements**. Laissez-vous ressentir la joie de découvrir que votre pas est juste, que votre corps fonctionne bien*****. Remerciez-vous vous-même d'avoir pris le temps de vous préparer pour faciliter cette mise en route**. Je vous propose maintenant d'imaginer que vous revenez à votre point de départ et à chaque pas où vous descendez, vous récupérez l'énergie que vous avez déployée en montant****. A chaque pas à la descente, vous vous tonifiez et vous récupérez l'énergie que vous aviez dépensée pour monter**. Prenez votre temps pour ne pas descendre trop brutalement.***

Quand vous arriverez à votre point de départ, vous aurez l'esprit clair, reposé, détendu, heureux de vivre, prêt à faire face à toutes les tâches qu'il vous reste à accomplir aujourd'hui et surtout, vous aurez l'assurance que lorsque vous vous mettrez à marcher dans une situation analogue, votre corps sera parfaitement disponible et entraîné pour vous suivre.

# LA BARQUE DANS LA GROTTE

→ Personne en thérapie.
NST
OR Permettre de revivre symboliquement le processus de la naissance et les décisions qui y sont liées.
⁄ Même si on a eu une naissance difficile, maintenant on peut utiliser cette expérience positivement.
⚠ Être très doux dans cet exercice, de manière à ne pas réactiver inutilement des douleurs qui ne seraient pas nécessaires dans le traitement.

Vous êtes en train de vous promener dans un couloir. C'est un lieu où il y a peu de lumière et beaucoup de sons. Comme si vous étiez dans un voyage au centre de la terre.*****

Vous vous sentez en sécurité et vous sentez que c'est là votre place.*** Et alors que vous marchez en entendant des bruits d'eau qui coule, des goutte à goutte.**

Vous arrivez sur un espace tout à fait particulier, comme une immense salle intérieure.*** C'est un lieu agréable pour s'installer. Et alors que vous distinguez plus nettement cet espace, vous découvrez un lac. Un lac d'une eau très pure, très bienveillante.** Sur le bord de ce lac, au centre de la terre, il y a une petite plage. Et sur cette plage, une barque.******

Descendez vers cette plage et installez-vous confortablement dans la barque.*****

La barque est encore attachée par une longue corde qui vous permet, pendant tout le temps que vous souhaitez, de vous promener sur ce lac.*****

De temps en temps, la barque touche les parois de cette grande salle et vous pouvez sentir ce que cela produit dans tout votre corps et particulièrement votre dos, depuis la base de votre coccyx jusqu'au sommet de votre crâne, vous sentez un contact tout à fait particulier.*****

Vous êtes en sécurité, la barque est attachée. Vous pouvez ainsi explorer les limites et la frontière de cette salle.***

Laissez-vous sentir toutes les sensations liées au phénomène d'être un objet flottant.***** Laissez remonter toutes les images, les impressions, les sensations qu'évoque cette expérience.********

La vie dans cette barque est tout à fait sûre.* Et en même temps, vous sentez qu'il faudra bien qu'elle cesse.****

Vous découvrez alors qu'à l'extrémité de ce lac, il y a un passage.**** Un passage vers lequel vous êtes attiré.** Laissez-vous porter et attirer vers ce passage. Vous flottez, vous êtes tout à fait en sécurité. Si ce passage est là, c'est qu'il a sa raison d'être.

Vous prenez conscience que la corde qui tenait la barque au rivage est probablement beaucoup plus longue que prévu. Et que vous pouvez vous engager dans ce passage, dans ce canal, il y a juste la place pour que vous passiez.****

Vous ne savez plus très bien si vous êtes la barque ou si la barque fait partie de vous-même.***

Mais vous êtes dans ce passage et votre corps effleure la paroi sur toute la surface de ce passage, il est juste à votre taille.** Vous avez vous-même à participer en modifiant les positions de votre corps pour trouver la position la plus confortable dans ce passage.** Les sons, les bruits augmentent et vous êtes pétri, massé, comprimé de toutes parts. Vous passez dans ce passage.***

Une sensation très stimulante.****

Vous prenez conscience que tout s'anime. Le passage lui-même est animé, la terre elle-même est animée. Toute la grotte qui est en amont est animée. Et vous commencez à entrevoir qu'au bout de ce passage il y a une sortie, un orifice.***

Laissez-vous prendre le temps de ressentir et de vivre dans votre corps cette expérience. Vous sentez maintenant qu'il y a une partie de votre corps qui n'est plus dans le passage, qui est à l'air libre. Faites la différence entre celle qui est encore comprimée et en contact et celle qui est à l'air libre.****

Les sons sont différents. La température change. Il y a maintenant de la lumière. Vous êtes arrivé sur une autre rive.*****

Laissez-vous sentir, revivre et imaginer toutes les sensations et toutes les décisions qui font partie de cet instant.******

S'il y a des décisions qui ne vous conviennent pas, maintenant, dans l'état de relaxation et de concentration dans lequel vous vous trouvez, vous pouvez prendre de nouvelles décisions concernant ce même instant et concernant la vie qui se trouve devant vous.******

Vous êtes maintenant dans votre paysage idéal, laissez-vous sentir toutes les sensations de ce paysage.**

La lumière.**

Les couleurs.**

Les sons.**

Les parfums.**

Les sensations physiques.**

Laissez-vous entrer en contact avec les sensations qui encore actuellement sont liées à l'expérience de la grotte et son aboutissement.******

Prenez conscience que le monde serait différent si vous n'étiez pas là.***

Je vous laisse quelques instants pour vous donner à vous-même vos propres messages positifs. Prendre le temps de vous remercier vous-même d'avoir pris du temps pour vous, d'avoir pris soin de vous. A votre rythme, quand vous le voudrez, vous pourrez revenir à la tonicité. Quand vous ouvrirez les yeux tout à l'heure, votre esprit sera clair, reposé, détendu, heureux de vivre, prêt à faire face à toutes les tâches qu'il vous reste à accomplir aujourd'hui, l'esprit tout à fait détendu.

# LE DEUIL

NST

OR Faciliter la prise de contact avec les différentes étapes du deuil.

Quand on connaît le parcours à accomplir, on a moins peur pour le suivre.

⚠ Ce type d'exercice ne doit pas intervenir trop tôt dans le processus de deuil car il pourrait l'interrompre. Il est particulièrement approprié pour les deuils qui ne sont pas terminés, plusieurs mois ou plusieurs années après la perte, lorsqu'il apparaît que la personne n'a pas pu se séparer.

Ce type d'exercice peut aussi être fait d'une manière préventive, à titre de développement personnel pour des personnes en parfaite santé qui veulent simplement se sensibiliser à ce processus, comme une manière de se préparer aux deuils éventuels qui pourraient arriver dans le futur.

Promenez-vous le long du rivage. Vous entendez le va-et-vient régulier de la mer.****

Vous sentez cette odeur bien particulière qui flotte le long des rivages.***

Peut-être que sur vos lèvres vous retrouvez le goût du sel. Vous sentez la fermeté du sol sous vos pas, qui se modifie alors que vous avancez.**

Vous voyez les couleurs d'un jour finissant.**

C'était une très belle journée.**

Elle se termine.**

Même si vous tentiez de la retenir, le soleil se couche quand même.**

A l'intérieur de vous-même, il y a une voix qui dit : il y aura une autre journée demain. Ça sera exactement la même.*

Mais vous savez que ce n'est pas vrai. Ce jour est bel et bien fini.***

Cela ne sert à rien de tenter de vous tromper, si ce n'est que cela vous empêche d'accepter que le jour est fini, qu'il ne sera plus jamais le même. Il y aura peut-être d'autres jours, d'autres soleils, mais ce jour-là est fini.* Prenez le temps de vous laisser sentir toutes les émotions qui sont liées à cette vérité. Et si pour une raison ou pour une autre cette vérité n'était pas supportable pour vous, vous pouvez décider de ne pas y faire face aujourd'hui.****

Trouvez un coin tranquille et sûr sur ce rivage pour regarder les derniers rayons du soleil illuminer la mer.***

Vous ressentez de la colère.**

Vous vous adressez au soleil : pourquoi te couches-tu?**

C'est injuste.**

Tu le fais peut-être exprès.***

Tu n'as peut-être pas compris que j'étais heureux de recevoir tes rayons.***

Pourquoi tu me fais ça à moi?**

Je ne t'ai rien fait, moi.**

Laissez-vous sentir cette colère. Et alors que le soleil s'enfonce davantage à l'horizon, vous voyez passer un bateau qui s'éloigne droit devant vous et dans votre cœur, s'installe la tristesse qui dit combien vous avez aimé.**

Combien vous avez été attaché.***

Et combien est dur le moment de la séparation.***

Le bateau n'est plus qu'un petit point à l'horizon. Bientôt, il ne sera plus du tout visible. Peut-être que vous avez peur.** Peut-être que vous avez peur de vous retrouver tout seul, abandonné de tous et que la mouette qui passe, en poussant des cris déchirants, exprime bien ce désespoir et cette peur de vous retrouver isolé.*****

Le bateau n'est plus visible à l'horizon. Le soleil est presque couché.***

Des idées folles font renaître l'espoir, et des idées de tractation, de marchandage, de tout ce que vous auriez pu faire de différent pour que tout ça ne s'arrête pas.* C'est bon d'y croire quelques instants, même si vous savez que ce n'est qu'une illusion. La séparation ne se marchande pas.*** Au fond de votre cœur vous savez que si le bateau n'est plus visible à l'horizon, ça ne veut pas dire qu'il n'existe plus. Ça veut simplement dire que vous ne pouvez plus le voir. Il en est de même pour le soleil qui s'est couché, vous ne pouvez plus le voir. Pour cette journée, il a définitivement disparu. Même si vous le voyez une autre fois, ça ne sera plus pareil.****

Le moment est venu pour vous de profiter de cet instant d'obscurité, de vous laisser aller à un sommeil juste.* Alors que vous sentez le sommeil qui approche, laissez-vous ressentir (si c'est possible pour vous) que cette journée a été bien accomplie : quoi que vous ayez fait, vous avez probablement fait de votre mieux. Et que le fait que le soleil se couche est une bonne chose.******

Finalement, ce qui vient est bien.*** Alors que vous vivez cette sensation tout à fait douce d'être dans le cours des choses et dans l'acceptation, laissez-vous imaginer ce que sera demain.*** Comment vous allez vous investir après cette journée bien remplie à laquelle vous venez de dire adieu.****

Qu'allez-vous faire de différent pour tenir compte de cet acquis?

Créer de nouveaux liens?****

Vivre l'instant présent avec encore plus d'intensité?******

Juste avant de vous endormir pour toute la nuit, laissez-vous recevoir dans votre regard, dans votre cœur, dans vos mains, le cadeau de ce jour accompli.******

Cadeau que vous vous faites à vous-même pour avoir cheminé seconde après seconde, jour après jour, tout au cours de votre vie.

Quand vous déciderez de revenir à la tonicité tout à l'heure, votre esprit sera clair, reposé, détendu. Vous vous souviendrez des éléments importants que vous avez découverts et que vous avez vécus dans cet exercice et vous pourrez les utiliser dans la construction de votre vie.

# LA DOULEUR

→ Personnes qui ressentent ponctuellement une douleur.
NST
OR Permettre de trouver le lien et de faire des associations entre le symptôme et les causes métaphysiques de la douleur.
⚲ L'acceptation des éléments symboliques liés à la douleur permet à celle-ci de disparaître.
⚠ Ne pas faire seul cet exercice qui ne remplace pas un traitement médical approprié.

*Cet exercice ne comporte pas d'induction supplémentaire. Le thérapeute invite le sujet à s'installer en face de lui, soit debout bien ancré sur le sol, les pieds écartés de la largeur du bassin et bien à plat, sans chaussures, soit assis, le dos bien soutenu.*

Regardez droit devant vous. Et prenez conscience de la position de votre corps dans l'espace.***

Vous prenez conscience de ce qui vous entoure et vous percevez très nettement votre ancrage au sol par la plante de vos pieds ou le poids de votre corps sur la chaise.****

Prenez le temps de trouver votre équilibre et la position la plus confortable pour vous.***

Dès que vous avez fait cela, vous fermez les yeux consciemment.*

Volontairement, tirez le rideau sur vous-même.**

Concentrez toute votre attention sur la partie de votre corps qui abrite la douleur.***

Dès que vous avez focalisé votre esprit, dites-le moi.***

Chaque parole va approfondir votre état de relaxation.

Entrez bien dans le contact avec la perception que vous avez de cette douleur.**

Et dites-moi quelle est sa forme. *(Le thérapeute attend la réponse. Quand la réponse arrive, il en accuse réception.)* C'est bien.

Quel est son poids en kilos, en grammes, en tonnes? (idem). Quelle est sa consistance? *(Si le sujet ne répond pas, on peut l'aider un peu : est-ce dur? est-ce mou?) (idem).*

Quelle est sa texture? (*idem*).

Quelle est sa température? *(Si le sujet ne semble pas trouver, l'inviter à aller la toucher.)***

Mentalement, approchez-vous de cette douleur.***

Vous connaissez sa température, son poids, sa forme, sa consistance, sa texture; quel est son goût? *(Si le sujet hésite : est-ce sucré? salé, amer ou autre?)*

Quelle est sa couleur?

Quels sons fait-elle? *(Éventuellement, allez l'écouter.)*

Quelle est son odeur?

Quelle est sa taille en millimètres, en centimètres, en mètres, en kilomètres?

Maintenant que vous avez bien défini les perceptions que vous avez de cette douleur, est-ce que vous êtes prêt à ce qu'elle s'en aille? *(La réponse est souvent oui, pas toujours!)*

Par où va-t-elle vous quitter?***

Par où va-t-elle sortir?***

Voyez comment et par où elle va sortir. *(La personne indique par quelle partie de son corps elle va sortir.)*

Quand elle sera prête à sortir, dans quelle direction va-t-elle aller?**

Devant vous? Vers le haut? Vers le bas? Derrière vous?***

Va-t-elle descendre dans le sol ou monter dans le ciel? *(Le sujet donne une réponse précise.)* C'est très bien, vous savez maintenant par où elle va s'échapper et ce qui va en advenir. Vous la voyez qui bouge maintenant et qui est bien présente dans votre esprit. Elle commence à bouger, elle s'apprête à sortir. Prévenez-moi dès que vous la voyez qui commence à sortir. *(Attendre la réponse.)*

Elle sort de votre corps.**

Elle sort, elle est bientôt complètement sortie.***

Je vais compter de 1 à 3 et à 3, elle sera hors de votre corps. Vous pourrez la voir à l'extérieur de vous-même. 1.*.2.*.3. Elle est sortie de vous-même, vous la voyez maintenant très précisément, dans quelle direction va-t-elle? Où va-t-elle?***

Part-elle vers le ciel? Vers le sol? Derrière vous? Devant vous?

*(Pour faciliter la conclusion de cet exercice, nous imaginons des réponses que le sujet pourrait donner, à titre d'exemple.) Le sujet indique qu'elle est sortie devant lui et qu'elle part à l'horizontale.*

Thérapeute : Prévenez-moi dès qu'elle aura atteint le mur en face de vous.

Sujet : Ça y est.

Th. : Bien. Elle traverse le mur maintenant. Vous la voyez passer au travers du mur et vous me prévenez dès qu'elle est complètement absorbée et passée à travers le mur.

S. : Ça y est.

Th. : Où va-t-elle maintenant?

S. : Elle est maintenant suspendue dans l'air, au-dessus de la rue.

Th. : Concentrez-vous bien sur elle, regardez-la très précisément et dites-moi quand elle aura complètement traversé la rue.

S. : Elle a traversé la rue, elle est maintenant vers le ciel.

Th. : C'est bien. Concentrez toute votre attention sur elle. Vous la voyez qui s'éloigne. Elle s'éloigne de plus en plus; dites-moi quand elle ne sera plus qu'un tout petit point à l'horizon.

S. : Je la vois très très loin à l'horizon, il y a des moments où elle disparaît et elle revient.

Th. : Continuez à vous concentrer. Soyez très attentif. Elle devient de plus en plus petite, de plus en plus petite et vous continuez à la voir.

S. : Mais c'est difficile, il y a des nuages.

Th. : Elle est très loin maintenant. Très très loin de vous. Elle a presque totalement disparu.***

Vous n'arrivez plus à la voir. Mais concentrez-vous encore et vérifiez qu'il ne reste plus ce minuscule petit point à l'horizon.

S. : Ça y est, je ne la vois plus du tout maintenant.

Th. : Vérifiez bien qu'elle a complètement disparu, que vous ne pouvez plus la voir.**

Elle n'a plus rien à faire avec vous. Elle est totalement partie.*

Totalement partie. Vous vérifiez une dernière fois et vous constatez qu'elle n'est plus là. Transportez-vous maintenant dans votre paysage idéal. Il fait très beau et c'est un moment de bien-être. Laissez-vous sentir toutes les sensations agréables liées à ce moment.***

Remerciez-vous vous-même d'avoir pris du temps pour vous.***

Dans quelques instants vous allez ouvrir les yeux, votre esprit sera clair, reposé, détendu, heureux de vivre et prêt à faire face à toutes les tâches qu'il vous reste à accomplir aujourd'hui.**

(*Le thérapeute, d'une voix tonique*) : Ouvrez les yeux!

*Généralement, la douleur a totalement disparu. Ceci est dû au fait qu'en acceptant de percevoir cette douleur à travers les différents modes de son système de perception, la personne accepte de lâcher prise plutôt que de résister à la douleur. Comme au judo, le « lâcher-prise » permet une libération de l'énergie alors que la résistance additionne les énergies.*

*Une analyse du vécu de cet exercice dans le cadre du travail de thérapie permet d'élaborer un matériel très riche.*

# Les sources

L'élaboration de ce livre s'est faite à partir de différents apports. Chaque fois que cela était possible, nous avons cité les références des ouvrages ou des écrits qui nous ont inspiré, mais certains auteurs n'ont pas encore publié leurs travaux, développés au cours de séminaires.

Nous nous proposons donc de mentionner ici nos principales influences; qu'elles trouvent ici la reconnaissance de leur disciple et celle de la paternité de leurs théories.

## Stephanie Simonton

Elle a développé les procédures d'intervention avec les patients atteints de maladies dégénératives. La pratique du dessin qui consiste à faire dessiner très régulièrement au sujet sa maladie et son traitement, puis à utiliser ces dessins dans l'analyse de la relation malade/maladie/traitement est la conséquence des travaux qu'elle a réalisés avec Carl, son mari. Ils ont aussi participé à l'élaboration du profil psychologique du cancéreux, établi avec L. Le Shan, étape indispensable permettant au malade de redécider et de changer.

## Marge Reddington

Elle a développé le concept de « symbolization » et s'est particulièrement intéressée à l'analyse de la symbolique des dessins. Malheureusement, elle n'a rien publié en français et ne souhaite pas que le contenu de son enseignement soit rendu public.

## Milton H. Erickson

Maître de l'hypnose clinique, il nous a particulièrement inspiré dans l'utilisation de la métaphore et des processus de suggestion à l'état de veille. Ce thérapeute exceptionnel a su intégrer son expérience de la souffrance dans son art pour la mettre au service de ses patients. De très nombreux livres en langue anglaise et française ont été publiés sur son travail.

## Jean lerède

Auteur canadien de recherches très approfondies sur la suggestion et la suggestologie.

## Où faire de la visualisation?

Pour choisir le séminaire où vous expérimenterez cette approche il sera d'abord indispensable que vous décidiez quels types de résultats vous recherchez. Les séminaires type « pensée positive » pullulent; les animateurs n'ont souvent aucune formation en psychologie, encore moins en psychothérapie. Vous pouvez rencontrer le pire, rarement le meilleur. Beaucoup de démarches s'inspirent de philosophies orientales, voire sont récupérées par des sectes. Une certaine vigilance s'impose! Nous l'avons déjà dit, la tentation de la « toute-puissance » est constante dans ce type de démarche. Les attentes magiques peuvent entraîner sur des fausses pistes. Le premier critère à vérifier est la formation de l'animateur : par qui a-t-il été formé? Est-il un psychothérapeute reconnu par un organisme officiel? Surtout a-t-il fait une démarche de psychothérapie personnelle suffisante pour travailler sur l'inconscient des autres? A-t-il un lieu de supervision? Les critères ne sont pas les mêmes si vous souhaitez augmenter vos potentiels de mémoire, améliorer vos scores au golf ou si vous êtes atteint d'une grave maladie et que le temps est compté pour gérer les impasses psychologiques et émotionnelles que cette situation provoque.

# Quelques mots sur l'auteur

François J. Paul-Cavallier est psychothérapeute et formateur dans le domaine de la santé. Il forme les psychothérapeutes et les soignants aux approches de l'Analyse Transactionnelle, de la visualisation, des processus de deuil. Sa formation à la visualisation s'est effectuée en France et aux États-Unis où il a complété sa formation avec S. Simonton. Il intervient dans des institutions telles que les hôpitaux, les écoles mais aussi en entreprises où il développe des interventions sur la communication et le concept de « coopération » au sein des équipes. Ses recherches sur les processus de deuil ont permis de prendre en compte les souffrances des soignants dans une démarche évolutive de croissance. Appliquées à des situations de violence, elles contribuent à mettre en place une négociation entre les détenteurs de l'autorité et l'offenseur.

Parmi les autres approches qu'il utilise on peut citer la bioénergie, l'hypnose ericksonnienne, et différentes démarches psycho-corporelles, le travail en piscine d'eau chaude, le jeu coopératif.

Il a publié de nombreux ouvrages dans les domaines du corps, du deuil, de l'adoption et de l'utilisation des jeux coopératifs dans la formation.

# Bibliographie générale


Leda Ballinari. *Développez votre mémoire*, France Loisirs, Paris, 1997.

Charles Baudouin. *Qu'est-ce que la suggestion?,* Le Hameau, Paris, 1982.

Hippolyte Bernheim. *De la suggestion,* Retz, Paris, 1975.

Jean-Claude Bologne. *Les Sept merveilles*, Larousse, Paris, 1994.

Joan Borysenko. *Penser le corps, panser l'esprit,* InterÉditions, Paris, 1988.

Marie-Claire Célérier. *Psychothérapie des troubles somatiques*, Dunod, Paris, 1997.

François Dagognet. *La Peau découverte*, Les empêcheurs de penser en rond, Paris, 1993.

François Dagognet. *Georges Canguilhem, philosophe de la vie*, Les empêcheurs de penser en rond, Paris, 1993.

Milton H. Erickson. *Ma voix t'accompagnera,* Hommes et groupes, Paris, 1986.

Jean-Paul et Claire Escande. *Biologies, de l'infection et du cancer,* Les empêcheurs de penser en rond, Paris, 1997.

Jean-Michel Fourcade et Vincent Lenhardt. *Analyse Transactionnelle et bioénergie,* J.-P. Delarge, Paris, 1981.

Victor Frankl. *Découvrir un sens à sa vie,* éd. de l'Homme, Montréal, 1988.

Gérard Guillerault. *Le Corps psychique*, éd. Universitaires, Paris, 1989.

Jean Guir. *Psychosomatique et cancer,* éd. Point hors ligne, Paris, 1983.

Jay Haley. *Un thérapeute hors du commun : Milton H. Erickson,* EPI, Paris, 1985.

Eugen Herrigel. *Le Zen dans l'art chevaleresque du tir à l'arc,* Dervy livres, Paris, 1978.

Dennis Jaffe. *La Guérison est en soi,* Robert Laffont, Paris, 1981.

Jacques Jouet. *Les Mots du corps*, Larousse, Paris, 1990.

Michel Kerouac. *La Métaphore thérapeutique et ses contes,* North Hatley, Québec, 1996.

Elisabeth Kübler-Ross. *Les derniers instants de la vie,* Labor et Fides, Genève, 1975.

Ron Kurtz et Hector Prestera. *Ce que le corps révèle,* Le Hameau, Paris, 1983.

Genie Laborde. *Influencer avec intégrité. La Programmation Neuro-Linguistique dans l'entreprise,* InterÉditions, Paris, 1987.

Sylvie Lair. *Savoir maîtriser sa mémoire*, Retz, Paris, 1996.

Ellen Langer. *L'Esprit en éveil*, InterÉditions, Paris, 1990.

Vincent Lenhardt. *Analyse Transactionnelle et perspectives spirituelles,* Retz, Paris, 1980.

Jean Lerède. *Qu'est-ce que la suggestologie?,* Privat, Toulouse, 1980.

— *Suggérer pour apprendre,* Presses de l'Université de Québec, 1980.

— *Les Troupeaux de l'aurore,* Éditions de Mortagne, Québec, 1982.

— *La Suggestopédie,* Presses Universitaires de France, Paris, 1983.

Lawrence Le Shan. *Vous pouvez lutter pour votre vie,* Robert Laffont, Paris, 1982.

Alexander Lowen. *Gagner à en mourir : une civilisation narcissique,* Hommes et groupes, Paris, 1987.

James Lynch. *Le Cœur et son langage,* InterÉditions, Paris, 1987.

Jacques-Antoine Malarewicz et Jean Godin. *Milton H. Erickson : de l'hypnose clinique à la psychothérapie stratégique,* ESF, Paris, 1986.

Edmond Marc. *Le Processus de changement en thérapie,* Retz, Paris, 1987.

Pierre Marty. *Mentalisation et psychosomatique*, Les empêcheurs de penser en rond, Paris, 1996.

Steven Mizel et Peter Jaret. *Notre corps se défend : le système immunitaire de l'homme et les nouvelles frontières de la médecine,* Payot, Paris, 1986.

Ashley Montagu. *La Peau et le toucher : un premier langage,* Le Seuil, Paris, 1979.

Giorgio Nardone et Paul Watzlawick. *L'Art du changement*, L'Esprit du temps, Paris, 1993.

Tobie Nathan et Isabelle Stengers. *Médecins et sorciers,* Les empêcheurs de penser en rond, Paris, 1995.

Jacques Ninio. *L'Empreinte des sens*, Odile Jacob, Paris, 1989.

Michel Odent. *La Santé primale : comment se construit et se cultive la santé*, Payot, Paris, 1986.

Robert Ornstein, Richard Thompson et David Macaulay. *L'Incroyable aventure du cerveau*, InterÉditions, Paris, 1987.

Scott Peck. *Le Chemin le moins fréquenté : apprendre à vivre avec la vie.* Robert Laffont, Paris, 1987.

Kay Porter et Judy Foster. *Le Sport dans la tête*, éd. Robert Laffont, Paris 1989.

G. Rager. *Hypnose, sophrologie et médecine*, Fayard, Paris, 1973.

Daniel Rosé. *L'Endurance primaire*, PUF, Paris, 1997.

Robert Rosenthal et Lénore Jacobson. *Pygmalion à l'école*, Casterman, Paris, 1971.

Ernest Lawrence Rossi. *Psychobiologie de la guérison*, Hommes et Perspectives, Paris, 1994.

Carl et Stephanie Simonton, James Creighton. *Guérir envers et contre tout : le guide quotidien du malade et de ses proches pour surmonter le cancer*, EPI, Paris, 1982.

Stephanie Simonton. *La Famille, son malade et le cancer : coopérer pour vivre et guérir*, EPI, Paris, 1984.

*Somatisation et relaxation.* Collectif, Revue Française de Relaxation Psychothérapique N° 10, éd. L'Esprit du temps, Paris, 1993.

John Syer et Christopher Connolly. *Le Mental pour gagner*, Robert Laffont, Paris, 1988.

Pierre Teilhard de Chardin, *La Place de l'homme dans la nature*, Albin Michel, Paris, 1981.

Thomas Verny et John Kelly. *La Vie secrète de l'enfant avant sa naissance*, Grasset, Paris, 1982.

960271 - (I) - (2) - OSB-N80° - SNEL

InterEditions
5, rue Laromiguière
75241 Paris Cedex 05
Dépôt légal : février 1998

Achevé d'imprimer sur les presses de la
SNEL S.A.
rue Saint-Vincent 12 – B-4020 Liège
tél. 32(0)4 343 76 91 - fax 32(0)4 343 77 50
janvier 1998
7958